LE DROIT

Paris. — Imprimerie SERRIÈRE et comp. rue Montmartre. 123

ÉMILE DE GIRARDIN

LE DROIT

> Je ne prétends pas enseigner, mais chercher la vérité.
> LOCKE.
>
> N'admettons pour vrai que ce qui est évident.
> DESCARTES.
>
> Faute d'examen, tout devient préjugé, même la vérité.
> BACON.

PARIS
LIBRAIRIE NOUVELLE
BOULEVARD DES ITALIENS 15, EN FACE DE LA MAISON DORÉE
ET CHEZ A. TARIDE, GALERIE DE L'ODÉON

1854

A LA JEUNESSE.

A vous, qui aurez le temps d'apprendre !

A vous, qui aurez le bonheur d'oublier !

A vous, qui devrez la liberté à la civilisation, qui seule peut la donner !

ÉMILE DE GIRARDIN.

TABLE DES MATIÈRES.

		Pages.
I. A M. de Lourdoueix	....	5
II. —	....	24
III. —	....	54
IV. —	....	78
V. —	....	87
VI. —	....	107
I. A M. de Girardin	....	132
I. A M. Thiercelin	....	143
II. A M. de Girardin	....	151
II. A M. Thiercelin	....	164
I A M. de Girardin	....	183
I. A M. Blot-Lequesne	....	186
II. A M. de Girardin	....	193
III. —	....	200
IV. —	....	210
V. —	....	221
II. A M. Blot-Lequesne	....	235
III. —	....	254
IV —	....	260
V. —	....	275
VI. A M. de Girardin	....	285
VI. A M. Blot-Lequesne	....	288
Conclusion	....	293

LE DROIT.

A M. DE LOURDOUEIX,

RÉDACTEUR EN CHEF DE LA **Gazette de France.**

I.

> Le droit est-il dans la nature ou seulement dans l'opinion des hommes ?
> ..... Mais dans cette nuit sombre dont est recouverte à nos yeux l'antiquité la plus reculée, apparait une lumière qui ne peut nous égarer : *Le monde social est certainement l'ouvrage des hommes,* d'où il résulte que l'on en peut, que l'on en doit trouver les principes dans les modifications mêmes de l'intelligence humaine.
> VICO. *Philosophie de l'Histoire.*

Selon vous : « Naguère le *Droit* était supérieur au *Fait.* »

Sommé par moi de dire à quelle époque et en quel lieu, vous avez répondu :

« Le droit était supérieur au fait dans tous les temps et dans la conscience de tous les peuples, même sous l'oppression des faits violateurs du droit. En France particulièrement, et hier encore, cette croyance était le fond de toutes les discussions. Les questions d'application du droit partageaient seules les opinions; mais personne ne niait le droit en lui-même, ni sa supériorité à l'égard du fait. »

Est-ce là une réponse sérieuse, surtout est-ce là une réponse claire? Nommer le Droit, opposer le Fait au Droit, est-ce les définir? Qu'est-ce que le Droit? Si vous le savez, si vous pouvez le dire, dites-le donc en termes précis que tout lecteur comprenne, et dont il puisse se servir pour rechercher dans l'histoire des peuples et des siècles en quels temps et en quels pays le Droit a régné sur le Fait et l'a subjugué.

Ainsi vivement pressé, et ne pouvant plus reculer, voici en quels termes vous avez enfin défini ce que vous nommez le Droit:

« M. de Girardin nous défie de lui donner une définition du droit : il veut que tout lecteur la comprenne, même apparemment les esprits qui n'ont jamais réfléchi, ceux qui n'ont acquis par l'instruction et l'étude aucun des instruments de la pensée, aucun des termes de la langue des idées.

« Si nous disons à M. de Girardin que, dans son acception la plus haute, le DROIT est la ligne la plus courte qui va de la raison de Dieu à la raison de l'homme, répondra-t-il qu'il ne comprend pas cette définition ? Cela se peut : mais sera-ce notre faute, à nous qui la comprenons très bien, et dont elle satisfait l'esprit et la raison.

« L'étymologie nous dit que DROIT vient de *directus*; le dictionnaire définit le droit « *juste raison, « faculté dont l'exercice est approuvé par les lois « naturelles et sociales.* » Pour les Latins, le droit, *jus*, est la racine de *justice*. Cicéron dit que « la « première loi est la DROITE raison de Dieu. » Cette définition de Cicéron correspond à la nôtre.

« M. de Girardin a-t-il voulu nous jeter dans la métaphysique en nous forçant de définir une idée qui se cache dans les profondeurs de l'esprit humain ? Veut-il nous engager dans la controverse philosophique ?

« Qu'est-ce donc que cet esprit sceptique qui prend plaisir à nier tout ce qui est de consentement universel chez tous les peuples ? Où va-t-il ? Que veut-il ? »

Je vous réponds :

Ce que je veux? Je voudrais en finir avec tous ces mots tels que : **Droit**, *Raison*, *Justice*, dont le sens varie et se contredit selon les temps et les pays. *Où je vais?* Je vais de ce qui est à ce qui sera ; je vais de ce que j'ai appris à ce que j'ignore ; je vais du progrès accompli au progrès subséquent ; je vais de l'infaillibilité démentie s'intitulant Autorité à l'expérience constatée se nommant Liberté ; je vais du Pouvoir qui ne sait pas au Savoir qui peut ; je vais du servage corporel, qui a disparu en France, au servage intellectuel, qui lui a survécu ; je vais de ce servage légal de l'intelligence au libre exercice de la pensée ; je vais de la tutelle publique à la raison individuelle ; je vais des lois émanant soit de la volonté d'un homme, soit des votes d'une majorité aux lois dérivant de la nature des choses, je vais de l'erreur reconnue à la vérité démontrée ; je vais du doute détruit à la certitude acquise ; je vais de l'exception érigée en règle à la règle appliquée sans exception ; je vais, enfin, de l'arbitraire à l'absolu.

Si le Droit, selon votre définition, est la ligne la plus courte qui va de la raison de Dieu à la raison de l'Homme, comment expliquez-vous qu'il ait fallu à l'homme tant de siècles pour faire si peu de chemin? Qu'appelez-vous la raison de Dieu? A quels signes se reconnait-elle? Par quels effets se manifeste-t-elle? Et comment, étant toute-puissante, ne s'impose-t-elle pas?

L'homme est né avec la faculté de raisonner; c'est par cette faculté exclusive qu'il est supérieur à tous les autres êtres vivants qui n'en ont pas été doués.

Le raisonnement est l'exercice de ses forces intellectuelles comme le mouvement est l'exercice de ses forces corporelles.

Que la pensée de l'homme ait l'entière liberté de se mouvoir dans les limites qui lui sont propres : ce droit contesté, quoique incontestable, est le seul que je revendique pour tous : hommes et femmes, forts et faibles, savants et ignorants, riches et pauvres; ce droit me suffit ; je n'en demande, je n'en comprends plus d'autre.

Par les infractions portées au plein exercice

de ce droit inviolable, j'explique les révolutions du Passé, les contradictions du Présent, les aspirations de l'Avenir.

Raisonner est le Droit, tout le Droit, rien que le Droit ; raisonner n'est pas seulement le Droit, c'est aussi le Devoir.

L'Homme, être pensant, a le droit et le devoir de penser, c'est-à-dire de combattre par le raisonnement ce qui lui paraît faux ou nuisible ; c'est-à-dire de défendre par le raisonnement ce qui lui paraît juste ou utile. L'homme qui raisonne fait la société à son image ; elle est ce qu'il est ; elle ne sait que ce qu'il a appris ; s'il sait peu, elle est ignorante ; toute notion qu'il acquiert marque un progrès qu'elle fait.

Guerres de nations à nations, révolutions de peuples à gouvernements, proscriptions de partis à partis, exterminations de cultes à cultes ne sont toutes que les effets d'une même cause : rivalité entre la force matérielle, le droit du plus fort, et la force intellectuelle, le droit du plus capable.

Que cette rivalité rentre dans ses limites naturelles, c'est-à-dire que la force matérielle n'ait plus à lutter que contre la force matérielle : le plus fort contre le moins fort; que la force intellectuelle n'ait plus à lutter que contre la force intellectuelle, le plus capable contre le moins capable : qu'on cesse de mettre aux prises entre elles deux forces trop différentes pour qu'elles puissent être rationnellement rivales, et aussitôt, comme le feu s'éteint faute d'aliments, cesseront exterminations successives, proscriptions mutuelles, révolutions périodiques, guerres intermittentes.

Hommes de ce siècle et de ce pays, qui tous avez été alternativement vainqueurs et vaincus, à la force abusive, opposez la force supérieure ; au raisonnement spécieux, opposez le raisonnement irréfutable ; mais n'opposez plus la force au raisonnement. Vous, qui vous nommez Guizot, réfutez ou faites réfuter, si vous le croyez nécessaire, Lamennais, mais ne l'emprisonnez pas!

Est-ce qu'en 1840 Lamennais, le grand écrivain mort hier et dont la France porte aujourd'hui le deuil, est-ce qu'en 1840 Lamennais s'était aposté derrière une barricade? Est-ce qu'il avait dépavé les rues ? Est-ce qu'il avait porté un sabre ? Est-ce qu'il avait chargé un fusil ? Est-ce qu'il avait braqué un canon ? Est-ce qu'il avait lancé un obus ? Non, il avait raisonné ; il était dans l'exercice de son droit.

Guizot faisant écrouer Lamennais, au lieu de le faire réfuter, personnifie, non le triomphe moral de la force intellectuelle sur la force intellectuelle, mais la victoire légale de la force matérielle sur la force intellectuelle. A ce compte, le lion qui a dévoré l'homme serait donc supérieur à l'homme !

Faire incarcérer, dès qu'on en a le pouvoir, le détracteur ou le contradicteur qui vous donne tort, au lieu de démontrer qu'on a raison, est une chose qui paraît encore en France ce qu'il y a de plus simple et de plus légitime. Cependant que dirait-on de deux interlocuteurs dont l'un répondrait à l'argument de l'autre par un coup de pistolet tiré à bout portant ? Cette façon d'échapper à l'embarras d'une réplique, cette façon de condamner au silence son interlocuteur, en le tuant, prouverait-elle que la supériorité du raisonnement était du côté du survivant? Qu'en pense-t-on? Le sentiment d'indignation qu'inspirerait une telle monstruosité, un tel abus de la force matérielle, est le sentiment qu'inspirera un jour toute manière analogue, se fût-elle appelée loi, de mettre hors de combat la force intellectuelle.

Qu'il me soit permis ici, afin de mieux préciser ma pensée, de rapporter substantiellement une conversation que j'eus, dans le cours de l'année 1853, avec une notabilité républicaine à laquelle j'adressais la parole pour la première fois, et qu'un service à rendre avait amenée dans mon cabinet.

Cette notabilité républicaine, fort connue dans les bureaux du *National* et de la *Réforme*, avait joué un rôle actif dans le prologue de la Révolution du 24 février.

S'être servi de la force matérielle pour remplacer la Monarchie de 1830 par la République de 1848, lui paraissait tout simple et, sinon légal, parfaitement légitime; mais, quoiqu'elle approuvât sans scrupules le 24 Février, elle blâmait sans restrictions le 2 Décembre. Elle admettait qu'on renversât un gouvernement en procédant de la base au faîte ; mais elle n'admettait pas qu'on le renversât en procédant du faîte à la base ; en d'autres termes, elle admettait la révolution opérée par en bas, mais elle n'admettait pas la révolution opérée par en haut ; elle glorifiait les coups de Peuple, mais elle flétrissait les coups d'État.

— « Si les coups de Peuple sont plus légi-
» times que les coups d'État, expliquez-moi
» donc, lui dis-je, sur quel droit se fondèrent les
» membres du Pouvoir exécutif pour donner le
» nom de CRIME (1) à la tentative du 15 mai ?
» Expliquez-moi donc en quoi les occupants de
» l'Hôtel-de-Ville du 24 février furent moins
» « FACTIEUX » que les occupants de l'Hôtel-
» de-Ville du 15 mai, ainsi qualifiés dans la pro-
» clamation des membres de la Commission du

---

1) PROCLAMATION DE LA COMMISSION DU POUVOIR EXÉCUTIF.

Un CRIME a été commis contre l'Assemblée nationale. Quelques FACTIEUX ont tenté de violer la souveraineté du peuple. Devant cet attentat, vos représentants sont restés calmes et fermes ; la *majesté* du DROIT l'a emporté sur la *force brutale*.

» Pouvoir exécutif ? Expliquez-moi donc quelle
» différence vous faites entre les premiers et les
» seconds, sinon que ceux-là réussirent le 24
» février, et que ceux-ci échouèrent le 15 mai ?
» Contre les occupants du 15 mai, qualifiés de
» FACTIEUX par les réoccupants du 24 février,
» invoquerez-vous le suffrage universel, invo-
» querez-vous le vote du 20 avril ? Si vous vous
» retranchez derrière le suffrage universel, que
» répondrez-vous aux occupants du 2 décem-
» bre qui vous opposeront le vote du 20 décembre
» 1851 et le vote du 20 novembre 1852 ? Il faut
» être franc, il faut être catégorique: votre triom-
» phe, le 24 février, décoré de ce beau nom « *la*
» *majesté du* DROIT, » ne fut que le triomphe
» du fort sur le faible, et la preuve de la vé-
» rité de ces paroles c'est que demain si vous
» triomphiez de nouveau, vous seriez encore
» obligés de faire ce que vous fîtes, vous et vos
» amis, les 15 mai et 24 juin 1848 ! Est-ce
» vrai ? Donc, vous n'avez pas de *criterium*,
» donc vous n'avez pas de mesure, donc vous
» n'avez pas de balance pour reconnaître, me-

» surer, peser qui a tort ou raison, qui rentre
» dans le droit et qui en sort ! »

Mon visiteur ne pouvait pas répondre à mon interpellation ; aussi l'éluda-t-il.

Après avoir constaté qu'il l'éludait, j'ajoutai :

« Le Droit est un mot qui a un sens différent,
» selon qu'il s'applique à l'état de barbarie ou
» selon qu'il s'applique à l'état de civilisation.
» Lorsqu'il s'applique à l'état de barbarie, *Droit*
» signifie *le plus fort;* lorsqu'il s'applique à l'é-
» tat de civilisation, *Droit* signifie *le plus ca-*
» *pable.* Le droit du plus fort s'atteste par la
» victoire matérielle ; il a pour armes tout ce
» qui tue. Le droit du plus capable s'atteste
» par la victoire morale ; il a pour armes tout
» ce qui vivifie. Le 24 février, qu'avaient donc
» à faire le soir les vainqueurs du matin ? Ils
» avaient à faire une courte proclamation où ils
» eussent dit tout simplement : — Le pouvoir
» se prend au *risque* de le perdre. Il y a deux ma-
» nières de nous attaquer : ou par la force ma-
» térielle ou par la force intellectuelle. A ceux qui
» nous attaqueraient par la force matérielle, nous

» répondrons par l'emploi de la même force, de
» façon à leur prouver que nous sommes les plus
» forts, et que nous ne craignons pas l'agres-
» sion; à ceux qui nous attaqueraient par la force
» intellectuelle, nous répondrons par l'emploi de
» la même force, de façon à leur prouver que
» nous sommes les plus capables et que nous ne
» craignons pas la discussion. Donc, que les
» partis vaincus choisissent leurs armes ! Veu-
» lent-ils se battre ? La force sera repoussée par
» la force, charges à mitraille contre barrica-
» des, canons contre fusils. Entière liberté. Au
» plus fort le pouvoir! Veulent-ils discuter? Le
» raisonnement sera réfuté par le raisonnement,
» discours contre discours, journaux contre
» journaux. Entière liberté. Au plus fort le
» pouvoir! Mais lorsqu'on peut raisonner et se
» conduire en hommes doués de la faculté de
» discuter, pourquoi se battre et se con-
» duire en êtres dépourvus de la faculté de pen-
» ser? L'homme qui au lieu de raisonner se bat,
» déchoit; l'homme qui au lieu de se battre rai-
» sonne, s'élève. Vaincus et vainqueurs, désar-

» mons donc matériellement, et ne nous combat-
» tons plus qu'intellectuellement, par les moyens
» auxquels l'industrie doit ses victoires et la
» science ses conquêtes. »

N'étant interrompu par aucune objection quoique cette doctrine frappât pour la première fois les oreilles de mon auditeur et dût l'étonner, je continuai en finissant par ces mots :

« Dans cet ordre d'idées, les mots *crime* et
» *factieux*, qui émaillent toutes les proclamations
» affichées les 15 mai et 24 juin, proclama-
» tions signées de vos amis de la Commission exé-
» cutive, ces mots n'ont plus de sens. Quiconque
» exerce le pouvoir social l'exerce à ses risques
» et périls. C'est à lui d'être ou le plus fort si on
» l'attaque, ou le plus capable si on le discute.
» La faiblesse qui a le dessous dans une lutte
» a un nom : elle s'appelle faiblesse ; l'ignorance
» qui a le dessous dans une discussion a un nom :
» elle s'appelle ignorance. Pourquoi donc les
» appeler crime ? Pourquoi donc les appeler fac-
» tion ? N'a-t-on pas vu assez de fois les mêmes
» prisons réunir le proscrit et le proscripteur,

» celui-là tendre à celui-ci la main en s'avouant
» intérieurement que s'il avait eu le même pou-
» voir il eût déployé la même intolérance?
» L'insurrection qui échoue est un risque qui
» se paye. Pourquoi les révolutions ne se ter-
» minent-elles pas? C'est qu'elles se démentent
» toutes : c'est qu'elles ne finissent jamais par
» où elles commencent toujours : en proclamant
» la Liberté. Les révolutions sont la revendi-
» cation du mineur qui cesse d'être mineur con-
» tre le tuteur qui ne veut point cesser d'être
» tuteur, du serf intellectuel contre le suzerain
» légal. Le pouvoir change de mains, mais ne
» change pas de nature : voilà pourquoi une ré-
» volution qui s'éteint n'est jamais que le pré-
» lude d'une révolution qui s'allume. Séparation
» absolue entre ce qui appartient au pouvoir
» *individuel* et ce qui appartient au pouvoir
» *indivis*, séparation absolue entre ce qui con-
» stitue l'empire de la force et ce qui constitue
» l'empire du raisonnement sans autres limites
» que celles qui sont tracées par la vérité et l'er-
» reur : telle est l'œuvre qui a été manquée trois

» fois : en 1789, en 1830, en 1848, et qui est
» réservée à l'Avenir. »

Entière liberté de penser avec tous les attributs qui la composent : voilà donc ce que j'appelle non pas un droit, mais le Droit.

Je dis plus, je dis que l'homme n'a pas la liberté de ne pas penser.

L'homme qui ne pense point, l'homme qui ne raisonne point, n'est pas un homme, et si un homme qui pense pouvait manger la chair d'un homme qui ne pense pas, il ne serait point impossible de démontrer que celui-là n'est pas anthropophage. L'homme qui ne raisonne point n'est pas le semblable de l'homme qui raisonne.

Penser est plus qu'une liberté, c'est une nécessité.

La nécessité de penser, conséquemment de satisfaire ce besoin par la parole, par l'écriture, par l'imprimerie, par l'étude, par l'enseignement, par la discussion, par le raisonnement, existe au même titre que la nécessité de manger, de boire, de dormir, de marcher. Cette nécessité porte avec elle-même ses limites.

Limiter la nécessité que l'homme a de raisonner n'est pas moins abusif qu'il le serait de limiter la nécessité que l'homme a de manger.

On ne rationne que ceux qui ne se nourrissent pas eux-mêmes ; on rationne l'enfant, le soldat, le serviteur.

En dehors de l'entière liberté pour tous de raisonner, je n'admets point, je ne comprends point ce qu'on décore de ce nom abstrait : la Raison ; je ne le comprends pas plus que je ne comprendrais une addition sans total, une multiplication sans produit, une division sans quotient ; la Raison, c'est ce que le raisonnement démontre.

Démontrez-moi que vous avez raison en me mettant dans l'impuissance de vous démontrer que vous avez tort, mais ne me contraignez point de vouer un culte idolâtre à la déesse Raison.

Qu'est-ce que la Raison ?

La Raison d'un siècle est-elle la Raison d'un autre siècle ? La Raison d'un pays est-elle la Raison d'un autre pays ? La Raison d'un homme est-elle la Raison d'un autre homme ? La Raison, selon Descartes, Malebranche, Locke, Leibnitz,

Kant, est-elle la Raison selon Arnauld, Bossuet, Reid, Hobbes, de Maistre ?

La Raison est une question de temps ; la Raison est une question de nombre ; elle est relative ; elle n'est pas absolue.

La Raison est au raisonnement ce que la récolte est à la semence. Telle semence, telle récolte.

Direz-vous qu'en m'exprimant en termes si positifs et si rudimentaires, j'essaye de vous jeter dans la métaphysique, j'essaye de vous engager dans la controverse philosophique, j'essaye de vous égarer dans la définition d'une idée qui se cache dans les profondeurs de l'esprit humain ? Direz-vous encore que je suis un esprit sceptique qui prend plaisir à nier tout ce qui est de consentement universel chez tous les peuples ?

Citez-moi donc, ô mon contradicteur, un seul point sur lequel tous les peuples aient été d'accord, un seul point sur lequel le consentement universel dont vous parlez ait existé !

Non ; je ne suis point sceptique, car je crois fermement à l'impuissance finale de la force matérielle et à la toute-puissance définitive de la force intellectuelle, celle-ci que, si vous le voulez, je nommerai le Droit, par opposition à celle-là s'appelant la Force. Tel que je viens de l'expliquer et ainsi défini : le Droit, c'est le raisonnement sans autres limites que l'erreur ou la vérité, sans autre juge que l'évidence, sans autre peine que la réfutation ; c'est la Raison démontrée par elle-même et par elle seule ; c'est, enfin, le triomphe de la Raison sans le secours de la Force.

II.

> S'il y a un Dieu, il est infiniment incompréhensible, puisque, n'ayant ni parties ni bornes, il n'a nul rapport à nous. Nous sommes donc incapables de connaître ni ce qu'il est, ni si il est.
>
> PASCAL. *Pensées*. Partie II, art. III.

Vous tenez à votre définition du Droit ; je tiens à la mienne.

Si l'une de ces deux définitions est plus juste que l'autre, comment cette justesse relative se démontrera-t-elle? Par le raisonnement. Que faites-vous en vous efforçant de démontrer que j'ai tort et que vous avez raison? Vous raisonnez. Donc, vous qui me donnez tort quand vous dissertez, vous me donnez raison quand vous agissez. Vous combattez mon opinion, et cependant vous vous y conformez. Tel est l'avantage de la vérité sur l'erreur. En combattant l'erreur, on la détruit ; en combattant la vérité, on se détruit.

Mais, avant d'aller plus loin dans cette controverse, il est nécessaire de vider une question préjudicielle : celle de l'utilité de ce débat et de son opportunité.

On dit :

Qu'importe, fût-elle irréfutable, telle définition du Droit plutôt que telle autre? Où cela mène-t-il? Où règne la force matérielle, que peut la force intellectuelle?

Je réponds :

En effet, cette discussion paraît avoir peu d'opportunité, conséquemment peu d'utilité. Mais les journaux, sans ministres dépendants d'une majorité variable, n'étant plus que des leviers sans point d'appui, que des poulies tournant sans rien faire mouvoir, ce qui a mérité à ces poulies le surnom de poulies-folles, quelle discussion serait plus utile, quelle discussion serait plus opportune ? Les journaux discutent pour discuter, comme ces poulies tournent pour tourner. Ils ne sont plus un champ de bataille qu'à l'état de spectacle.

Quelle discussion serait plus utile? Une discussion ayant lieu pour elle-même, en est-il par elle-même de plus importante, puisque de l'idée qu'on a du Droit découlent tous les rapports sociaux de nation à nation, de peuple à gouvernement, de famille à individu, d'individu à individu, de fort à faible, de riche à pauvre, de savant à ignorant?

Quelle discussion serait plus opportune? Quand discutera-t-on, si ce n'est quand il n'y a rien de plus et rien de mieux à faire, et quel moment plus propice pour débattre les hautes questions, que celui où la critique des actes et des hommes du pouvoir est expressément interdite?

Donc, à ce point de vue de l'utilité et de l'opportunité, les journaux et leurs rédacteurs n'ont pas de meilleur emploi de la liberté dont ils jouissent encore par tolérance que de la faire servir à élever les questions au-dessus des hommes, car les hommes passent, les questions restent.

Vous persistez à soutenir que le Droit est la raison de Dieu.

Je persiste, de mon côté, à soutenir que le Droit est la raison de l'Homme, se démontrant par le raisonnement, comme le mouvement se démontre par le mouvement.

Que la raison de Dieu se démontre ainsi, et j'abandonne aussitôt l'opinion que je défends pour me ranger à l'opinion que vous défendez. Mais, pour que la raison de Dieu se démontrât ainsi, il faudrait que Dieu raisonnât.

La raison de Dieu n'est donc qu'un mot qui, imprimé dans la *Gazette de France,* signifie : la raison de M. H. de Lourdoueix.

Ce mot n'a pas d'autre signification, car s'il en avait une autre, il signifierait impuissance.

En effet, que serait un Dieu qui n'aurait pas la puissance d'imposer sa volonté, de dicter sa loi, ou qui, ayant la vérité dans ses mains, les fermerait à l'homme égaré à sa poursuite ?

Ce serait un Dieu qu'il faudrait reléguer parmi les faux dieux impuissants ou malfaisants qui ont été successivement destitués, après avoir été superstitieusement adorés.

Mais ce qui démontre avec toute la clarté de l'évidence que le Droit est la raison de l'Homme, et que le Droit n'est pas la raison de Dieu, c'est que le Droit a constamment varié et varie encore selon les temps et les lieux.

Ce qui fut flétri est glorifié, ce qui fut glorifié est flétri ; ce qui est défendu ici est permis là ; ce qui là est permis est défendu ici.

Grand-prêtre de la raison de Dieu, dites-moi donc, vous devez le savoir, ce que réprouve cette raison et ce qu'elle admet !

Admet-elle l'esclavage ?

Admet-elle le servage corporel ?

Admet-elle le servage intellectuel ?

Admet-elle la domination de l'homme sur l'homme, domination inadmissible si tous les hommes naissent frères ?

Admet-elle la soumission de la femme à l'homme, soumission prescrite par la loi, mais que contredit l'égalité de l'homme et de la femme rétablie par la foi ?

Admet-elle qu'un homme règne sur ses semblables autrement que par la force du raisonnement et de la persuasion, autrement qu'en se faisant en toute vérité, en toute humilité, non en parole mais en action, leur serviteur?

Admet-elle qu'un homme commande à ses semblables comme il commande aux êtres qui diffèrent de lui par la faculté de penser dont ces derniers n'ont pas été doués?

Admet-elle que deux enfants étant nés de la même mère, l'un, étant réputé légitime, soit comblé de tous les biens, tandis que l'autre, étant réputé illégitime, soit exclu de sa part d'héritage?

Admet-elle que l'enfant puisse être légalement déclaré le fils de l'homme qui n'en est pas réellement le père?

Admet-elle que, n'ayant pas fait qu'on héritât des talents, on hérite des biens?

Admet-elle que le petit nombre ait le superflu sans même l'avoir acquis par le travail, lorsque l'immense nombre manque du nécessaire qu'il ne peut conquérir même au prix de l'épuisement du corps?

Admet-elle que le luxe et la misère puissent se transmettre de générations en générations et subsister en même temps dans le même pays ?

Admet-elle la pénalité qui survit au repentir ?

Admet-elle que l'homme, s'érigeant en juge suprême, infaillible, conséquemment irréprochable, condamne un autre homme à la peine de mort ?

Admet-elle le partage des hommes en camps opposés se déclarant la guerre, et le morcellement de l'univers en nationalités ombrageuses, procédant de la force et de la conquête, et perpétuant l'esprit de rivalité ?

Si la raison de Dieu ne transige pas avec l'erreur et l'injustice, si elle n'admet que ce qui fut, est ou sera universellement vrai, éternellement juste, comment, interprète de cette droite et immuable raison, expliquez-vous que telles générations aient ou puissent avoir un sort si différent de celui de telles autres générations ? Quelles compensations seront données à l'homme qui aura vécu le corps courbé sous l'esclavage, sous le servage, sous l'oppression, tandis que son semblable vit ailleurs la tête haute, en pleine possession de lui-même, et ne relevant que de sa seule raison? Comment et où se rétablira l'égalité rompue entre ces deux hommes, entre ces deux créatures sorties des mains du même créateur, entre ces deux frères? Un compte aura-t-il été ouvert à chacun d'eux, où toutes les jouissances de l'un auront été portées, où n'aura été oubliée aucune des souffrances de l'autre? Comment la balance s'établira-t-elle? Comment la différence en sens contraire se soldera-t-elle?

La raison de Dieu, telle que vous la définissez, n'explique rien et complique tout.

La raison de l'Homme, telle que je la définis, explique tout et ne complique rien.

Par la raison de l'Homme, j'explique sans la justifier la barbarie qui fut et qui est, relativement à la civilisation qui est et qui sera.

La raison de l'Homme se développe par la culture.

Avant d'être un épi, elle a commencé par être un grain ; avant d'être une javelle, elle a commencé par être un grain et un épi ; avant d'être une gerbe, elle a commencé par être un grain, un épi et une javelle; avant d'être la récolte qui sera le pain et la force des multitudes, elle a commencé par être un grain, un épi, une javelle et une gerbe.

Le monde physique a commencé par un homme. Cet homme a procréé un autre homme. Le monde intellectuel a commencé par une idée. Cette idée a procréé une autre idée. L'idée, c'est-à-dire l'homme intellectuel, croît et se multiplie comme croit et se multiplie l'homme charnel. J'explique la succession et la multiplication des idées comme j'explique la succession et la multiplication des hommes : par la même loi de nature, d'accouplement et de développement. Il y a des unions et des générations intellectuelles comme il y a des unions et des générations charnelles. Il y a des idées femelles et des idées mâles, comme il y a des idées filles et des idées mères.

Le monde intellectuel, se peuplant de plus en plus d'idées, se transforme comme se transforme le monde physique partout où la population croît rapidement en nombre. Aussitôt le champ se défriche, l'arbre se greffe, le feu s'allume, le fer se forge, la laine se tisse, la maison se construit. Le progrès est la pression du besoin. Plus celui-ci est impérieux, plus celui-là est actif. La civilisation, en définitive, n'est que l'accroissement du nombre des idées. C'est le peuplement du monde intellectuel.

Où l'idée n'existe encore qu'en germe, c'est la barbarie, c'est l'enfance de l'homme, c'est l'enfance de la société ; où l'idée se fait jour, c'est la barbarie qui tend à décroître, c'est l'homme qui tend à raisonner, c'est la société qui tend à se former. Que sera-t-elle? Elle sera ce qu'est le sol, selon qu'il y a beaucoup de terres pour peu de bras, ou beaucoup de bras pour peu de terres. Il est aussi simple que des étendues de temps soient restées ou restent sans être intellectuellement défrichées, qu'il est simple que des étendues de terre soient restées ou restent sans être manuellement cultivées. Les bras manquaient ou manquent à ces étendues de terre; les idées manquaient ou manquent à ces étendues de temps qu'on nomme des siècles.

Il est vrai de dire que je n'admets pas ou que je n'admets plus de distinction *morale* entre le Bien et le Mal. Ce que vous appelez Mal, je le nomme Risque.

Dans l'ordre moral, qu'appelez-vous le Bien ?

Appelez-vous ainsi l'entière et stricte application des préceptes évangéliques ?

Mais cette application, si elle avait lieu, serait la destruction de la société telle qu'elle existe.

Toute pénalité, toute justice, tomberaient devant l'observation de ces commandements :

« *A celui qui te frappe sur une joue, présente-lui aussi l'autre ; et si quelqu'un t'ôte ton manteau, ne l'empêche point de prendre aussi ta tunique.*

» Et à tout homme qui te demande, donne-lui ; et à celui qui t'ôte ce qui t'appartient, ne le demande point.

» Et comme vous voulez que les autres vous fassent, faites-leur aussi de même.

» Mais si vous aimez seulement ceux qui vous aiment, quel gré vous en saura-t-on ? Car les gens de mauvaise vie aiment aussi ceux qui les aiment.

» Et si vous ne faites du bien qu'à ceux qui vous auront fait du bien, quel gré vous en saura-t-on ? Car les gens de mauvaise vie font aussi de même.

« C'est pourquoi aimez vos ennemis et faites du bien, et prêtez sans en rien espérer, et votre récompense sera grande et vous serez les fils du Très-Haut, car il est bienfaisant envers les ingrats et les méchants.

« *Et ne jugez point et vous ne serez pas jugés; ne condamnez point et vous ne serez pas condamnés* (1). »

Toute hiérarchie sociale s'écroulerait sous cette déclaration :

« Les derniers seront les premiers et les premiers seront les derniers (2).

« Vous qui avez la foi en la gloire de Notre-Seigneur Jésus-Christ, ne faites point acception de personnes. S'il entre dans une de vos assemblées un homme ayant un anneau d'or et un habit magnifique, et qu'il y entre aussi un pauvre mal vêtu, et qu'arrêtant vos regards sur le riche, vous lui disiez en lui offrant un siège : « Asseyez-vous ici, » et que vous disiez au pauvre : « Tenez-vous là debout ou asseyez-vous à mes pieds, » n'est-ce pas là faire, en vous-mêmes,

---

1) Apôtre saint Luc.
2 Apôtre saint Matthieu.

une différence entre lui et l'autre, et vous abandonner à d'iniques pensées dans le jugement que vous faites ? Si vous avez égard à la *condition des personnes*, vous commettez un péché, et vous serez condamnés par la loi comme en étant les transgresseurs.

« Si un de vos frères, une de vos sœurs n'a pas de quoi se vêtir et manque de ce qui lui est nécessaire chaque jour pour vivre, et que quelqu'un d'entre vous lui dise : « Allez en paix, je vous souhaite de quoi vous garantir du froid et de quoi manger, » sans leur donner ce qui est nécessaire, à quoi serviront vos paroles ? *C'est par les œuvres que l'homme est justifié, et non pas seulement par la foi* (1). »

Toute domination de l'homme par l'homme, sous quelque forme de gouvernement que ce soit, disparaîtrait devant ces paroles :

« Vous savez que les princes des nations les MAITRISENT et que les grands usent d'AUTORITÉ sur elles ; *mais il n'en sera pas ainsi entre vous ;* AU CONTRAIRE, *quiconque voudra être grand entre vous, qu'il soit votre* SERVITEUR ! *Et quiconque voudra être le premier entre vous, qu'il soit votre* SERVITEUR !

(1) Apôtre saint Jacques.

» Mais vous, ne veuillez pas être appelés maîtres, car vous n'avez qu'un seul maître et vous êtes tous frères, et n'appelez sur la terre personne votre père, car vous n'avez qu'un seul père, qui est dans les Cieux. Ne vous appelez point maîtres, parce que vous n'avez qu'un maître. Celui qui est le plus grand d'entre vous sera votre serviteur, — car quiconque s'élèvera sera abaissé, et quiconque s'abaissera sera élevé.

» Nul ne peut servir deux maîtres, car il aimera l'un et haïra l'autre, ou il sera docile à l'un et méprisera l'autre.

» Vous ne pouvez servir Dieu et Mammon (1).

» Vous avez été rachetés à un haut prix, ne vous rendez plus esclaves des hommes. Vous n'avez point reçu l'esprit de servitude ; vous avez reçu l'esprit de l'adoption divine, cet esprit qui nous rend témoignage que nous sommes enfants de Dieu et cohéritiers du Christ.

» Réglez vos paroles et vos actions comme devant être jugées par la loi de la liberté... Où est l'esprit du Seigneur, là est la liberté.

» Tenez-vous donc fermes dans la liberté à l'égard de laquelle le Christ vous a affranchis et ne

(1) Saint Matthieu.

vous soumettez plus au joug de la servitude (1). "

Luxe et misère se nivelleraient dans le bien-être commun si ces préceptes étaient pratiqués :

« Vous avez reçu gratuitement, donnez gratuitement.

» N'ayez en possession ni or, ni argent, ni aucune monnaie dans vos ceintures, ni sac pour la route, ni deux tuniques, ni chaussures, ni bâton, car à l'ouvrier est due la nourriture (2). »

Ainsi ce que vous appelez le Droit, ainsi ce que vous appelez la Raison de Dieu, ainsi ce qui, selon elle, serait le Bien, aboutirait à la chute de toute justice humaine, de toute hiérarchie sociale, de toute autorité dominatrice, de toute richesse inégale, de toute la société, enfin, telle que l'ont formée et transformée la succession des siècles, la succession des idées.

Vers le but, nous nous rapprochons, mais où vous marchez sans arriver par la voie que vous appelez la raison de Dieu, je marche et j'arrive par la voie que j'appelle la raison de l'Homme.

(1) Saint Paul.
(2) Saint Matthieu.

Oui, j'arrive, car j'avance, et la preuve que j'avance résulte du progrès accompli, du progrès visible qui, sous toutes les formes, se fait jour de toutes parts.

Ce progrès, que j'impute à la raison de l'Homme, l'imputerez-vous à la raison de Dieu?

Vous ne le pouvez pas sans renverser de vos propres mains l'autel élevé par vos mains!

La raison de Dieu ne saurait être qu'absolue. Elle ne saurait être relative ni progressive. L'univers est tel qu'il l'a créé. Il ne l'a point perfectionné. Il ne l'a point retouché. Les astres se meuvent éternellement dans le même orbite. Ils sont ce qu'ils furent. Considéré physiquement et abstractivement, l'homme n'a pas acquis, l'homme ne possède pas un organe de plus qu'au premier jour de la création.

Vous confondez la société avec l'humanité; moi, je distingue entre l'humanité, qui n'est pas l'œuvre de l'homme, et la société, qui est son ouvrage.

L'humanité ne varie pas. Les siècles attestent que ses lois sont immuables et éternelles.

La société varie sans fin. Les siècles attestent que ses lois sont aussi éphémères qu'elles sont contradictoires.

La raison de l'Homme étant relative et se développant par le raisonnement, qu'y a-t-il donc à faire ? Il y a à faire dans l'ordre social de la maternité des idées, ce qui se fait dans l'ordre naturel de la maternité des enfants ; il y a à faire de l'homme un être qu'on exerce à raisonner comme on exerce l'enfant à parler. La supériorité oblige au même titre que la maternité. Quiconque sait a pour enfants, dans l'ordre intellectuel, tous ceux qui ignorent ; il y a à s'efforcer, sans relâche et sans fin, d'accroître le nombre des hommes qui raisonnent, et de diminuer le nombre des hommes qui ne raisonnent pas. De combien d'êtres qui raisonnent est composé un peuple de trente-six millions d'hommes, de femmes et d'enfants ? S'il ne compte à peine qu'un être raisonnant par mille êtres ne raisonnant pas, un tel peuple n'est qu'une nation de trente-six mille *âmes*, pour me servir de l'expression consacrée. Qu'est-ce qu'un homme qui, ayant atteint l'entier développement de ses facultés physiques, ne raisonne pas? Est-ce un homme? Non, ce n'est pas même la moitié d'un homme. C'est moins qu'un homme qui aurait un des deux côtés du corps paralysé. La raison d'exister d'un gouvernement, sa tâche, ce devrait être de faire servir à l'instruction de tous ceux qui ignorent le savoir de tous ceux qui ont appris, afin d'avoir pour multiplicateur de la véritable force nationale le nombre le plus considérable possible d'hommes méritant véritablement le nom d'hommes, c'est-à-dire agissant conformément à leur raison librement exercée et entièrement développée. La nation, la puissance intellectuelle, qui se composerait de dix millions d'hommes ainsi formés, serait la première et la plus puissante nation du globe; elle changerait la face du monde! Combien, je le demande, parmi les vingt-deux millions d'hommes et de femmes dont se compose, en France, la population *légalement* majeure, compterait-on d'hommes et de femmes composant, en réalité, une population *rationnellement* majeure, si on les comptait par têtes au lieu de les compter par corps?

L'ilotisme intellectuel doit être combattu sans relâche jusqu'à ce qu'il n'y ait plus dans une nation que des êtres se gouvernant par leur raison, quelle qu'elle soit, plus ou moins limitée, plus ou moins étendue ; si bornée qu'on la suppose, elle ira toujours jusqu'à comprendre la liberté ainsi expliquée et démontrée par la réciprocité :

Ne tue pas, si tu ne veux pas être tué ;

Ne frappe pas, si tu ne veux pas être frappé ;

Ne vole pas, si tu ne veux pas être volé ;

Ne trompe pas, si tu ne veux pas être trompé ;

Ne calomnie pas, si tu ne veux pas être calomnié ;

Ne diffame pas, si tu ne veux pas être diffamé.

Car si tu as tué et qu'on te tue, à qui tes parents se plaindront-t-ils? Quelle raison invoqueront-ils?

Car si tu as frappé et qu'on te frappe, à qui te plaindras-tu? Quelle raison invoqueras-tu?

Car si tu as volé et qu'on te vole, à qui te plaindras-tu? Quelle raison invoqueras-tu?

Car si tu as trompé et qu'on te trompe, à qui te plaindras-tu? Quelle raison invoqueras-tu?

Car si tu as calomnié et qu'on te calomnie, à qui te plaindras-tu ? Quelle raison invoqueras-tu ?

Car si tu as diffamé et qu'on te diffame, à qui te plaindras-tu ? Quelle raison invoqueras-tu ?

Donc ;

Tuer autrui, c'est appeler sur soi le risque d'être tué ;

Frapper autrui, c'est appeler sur soi le risque d'être frappé ;

Voler autrui, c'est appeler sur soi le risque d'être volé ;

Tromper autrui, c'est appeler sur soi le risque d'être trompé ;

Calomnier autrui, c'est appeler sur soi le risque d'être calomnié ;

Diffamer autrui, c'est appeler sur soi le risque d'être diffamé.

La réciprocité est à la liberté ce qu'en arithmétique la preuve est à la règle. La réciprocité est une formule qui peut s'enseigner aussi ineffaçablement et se démontrer aussi rigoureusement que 2 multipliés par 2 égalent 4.

La réciprocité peut se démontrer par un exemple à la portée des enfants les moins intelligents ; prenez une pièce de monnaie et dites-leur : Un homme étant à l'autre ce que le revers de cette pièce est à la face, est-il possible de jeter un côté en l'air sans y jeter l'autre ? — Essayez. — Impossible. — Donc, la réciprocité est inséparable de la liberté.

C'est ce qui distingue le régime de la liberté du régime de la force ; la force exclut la réciprocité. Ce qui est inégal ne peut être réciproque.

La réciprocité, c'est la force destituée par le raisonnement ; c'est la raison à l'état de formule arithmétique ; c'est la justice existant par elle-même et prenant son niveau comme le fleuve prend le sien ; c'est l'équité.

Là où les hommes qui raisonnent sont en majorité, les hommes ne se mangent plus, ne se tuent plus, ne se battent plus ; ils ne se battent encore que là où ils sont en minorité.

Je ne confonds pas la réciprocité avec la fraternité. Il y a entre elles la différence qui existe entre le calcul et le sentiment.

Or, depuis qu'on apprend aux hommes à s'aimer, il ne paraît pas qu'ils aient fait aucun progrès. C'est à peine si les deux fils de la même mère se conduisent en frères.

Il en est autrement de l'art qui apprend aux hommes à compter. Il n'a plus de progrès à faire. Il n'est aucun problème qu'il ne puisse résoudre, aucune probabilité qu'il ne puisse mesurer, aucun risque qu'il ne puisse évaluer.

Conséquemment, ce qu'il y a faire, c'est d'enseigner à tout enfant à calculer et à raisonner avec lui-même, dès qu'il a atteint l'âge de raisonner et de calculer.

Le calcul traduisant tout en risques commence par les diminuer et finit par les annuler.

Le calcul, cet attribut de la raison de l'Homme, détruit les effets en s'attaquant aux causes, tandis que la morale, érigée en attribut de la raison de Dieu, laisse subsister les causes en ne s'attaquant qu'aux effets.

La raison de Dieu, telle que vous l'interprétez, et telle qu'elle a prévalu, guillotine le meurtrier, emprisonne le voleur, flétrit le fripon, punit le diffamateur.

La raison de l'Homme, telle que je l'entrevois, et telle qu'elle prévaudra, s'appliquera à rendre le meurtre, le vol, la fraude, la diffamation, si évidemment déraisonnables, que la pensée de tuer, de voler, de frauder, de diffamer finira par n'avoir pas plus de chances d'entrer dans le cerveau d'un homme civilisé que la pensée de rôtir son semblable pour le manger. Le meurtre, le vol, la fraude, la diffamation, ne sont pas moins incompatibles avec la civilisation que l'anthropophagie (1).

Où l'on tue, où l'on se bat, où l'on vole, où l'on trompe, où l'on diffame, c'est que la civilisation n'a encore dissipé la barbarie qu'imparfaitement.

Ce qu'il faut, c'est étudier le meurtre, le vol, la fraude dans leurs causes comme on a étudié dans leurs causes les incendies par la chute de la foudre, les explosions par la

---

(1) On n'*apprend* pas aux hommes à être honnêtes gens et on leur *apprend* tout le reste, et cependant ils ne se piquent de rien tant que cela. Ainsi ils ne se piquent de savoir que la seule chose qu'ils n'apprennent pas.   PASCAL. *Pensées.*

fuite du gaz ou par la pression de la vapeur.

Ce n'est point en fermant les cabarets qu'on détruit l'ivrognerie : c'est en faisant monter le niveau du bien-être ; le bien-être acquis change les habitudes et en fait contracter de nouvelles. Qui peut aller au café ne va plus au cabaret ; qui a un salon ne va pas au café. Vous qui gouvernez, appliquez donc l'échelle de la civilisation de telle sorte qu'un plus grand nombre puisse y monter !

Le jour où il sera reconnu qu'il n'y a *moralement* ni bien ni mal, qu'il n'y a matériellement que des risques, que peu importe d'être tué par un meurtrier ou par une tuile, noyé par un malfaiteur ou par une vague, visé derrière une borne ou derrière un canon, blessé par la main d'un homme ou par la corne d'un bœuf, ce jour-là on ne prendra plus l'ombre pour la proie ; on ne parodiera plus Xercès, faisant châtier la mer à coups de verges ; mais on appliquera à la société les règles qu'on applique à la construction du navire qui doit défier la tempête, ou de la maison qui doit affronter l'incendie.

Qu'est-ce que le vol? Si le vol est l'appropriation sans travail du bien que l'on convoite, moins le travail deviendra pénible, et plus le vol deviendra rare. On peut donc transformer le vol. Il est l'appropriation par la force ou par la ruse; il peut devenir l'appropriation par l'activité ou par la supériorité.

Plus le vol sera rare, et proportionnellement moins il y aura de risques de meurtre. Ainsi, l'on voit que tout se tient et s'enchaîne, quand on remonte des effets aux causes. Mais les causes, qui les étudie, qui les approfondit?

Vous dites que le Droit tel que je l'ai défini n'a ni sanction ni refuge.

Je vous réponds: Il a pour sanction la logique, il a pour refuge la liberté.

Vous dites que la *liberté de raisonner* entraîne évidemment la *liberté de déraisonner*.

Je vous réponds: Sans contredit, comme la *liberté de marcher* entraîne la *liberté de tomber ;* mais de ce que les hommes ont la liberté de tomber, s'ensuit-il que tomber soit une manière de marcher? Et d'ailleurs, qu'importe qu'un homme déraisonne ? S'il déraisonne, la réfutation n'en sera que plus facile. La victoire restera donc toujours à la raison démontrée par le raisonnement.

Vous dites : La raison étant individuelle, quel motif y a-t-il pour que l'homme qui raisonne entraîne les autres hommes qui raisonnent ?

Je vous réponds : La force étant individuelle, quel motif y a-t-il pour qu'un homme étant le plus fort terrasse un autre homme étant le plus faible ? Qu'est-ce que la logique, sinon le droit du plus fort transporté dans l'ordre intellectuel ? J'aurais pu vous répondre encore : La science étant individuelle, quel motif y a-t-il pour qu'un homme qui sait réduise à l'aveu de son ignorance ou tout au moins au silence l'homme qui ne sait pas ?

Vous dites : Qui vous autorise à croire que les autres raisonneront comme vous, s'il n'y a pas au-dessus d'eux tous une raison commune, éternelle, divine ?

Je vous réponds : La preuve que cette raison commune, éternelle, divine, que vous supposez, n'existe pas, c'est la diversité même d'opinions qui divise tous les grands penseurs de tous les temps. J'ajoute : Est-ce que tous les hommes ont besoin de raisonner comme Descartes, pour que la raison de Descartes s'impose à eux ?

Vous dites que votre définition est aussi consolante que la mienne est désespérante pour l'humanité ; qu'avec vous le faible et l'opprimé peuvent en appeler au *jugement du genre humain tout entier ;* car la raison où leur droit est écrit existe chez tous les hommes comme en Dieu.

Je vous réponds : A quoi sert aux Polonais asservis, aux Italiens opprimés, aux esclaves des planteurs américains, aux serfs des seigneurs russes, aux catholiques persécutés en Suède, aux protestants persécutés en Toscane, aux israélites exclus du parlement anglais, d'en appeler « *au jugement du genre humain tout entier* » de l'oppression, de la persécution, de l'exclusion qui pèsent sur eux ? Cet appel, qu'ils n'ont cessé de faire, les a-t-il délivrés ? Finissons-en donc avec les grandes phrases. Voulez-vous savoir pourquoi les israélites du royaume-uni ne tarderont pas à se faire ouvrir à deux battants les portes de la chambre des communes comme ils ont déjà réussi à se faire ouvrir les portes des colléges électoraux ? C'est qu'en Angleterre le raisonnement est libre. Où le raisonnement est libre, l'absurdité ne l'est plus, et j'appelle absurdité toute iniquité. En effet, il n'y a pas une iniquité qui ne soit une absurdité. Voulez-vous savoir pourquoi les Polonais et les Italiens ont peu de chance d'être délivrés ? C'est qu'en Pologne et en Italie le raisonnement n'est pas libre. Que partout le raisonnement soit libre, et nulle part il n'y aura plus ni faibles ni opprimés ! Toute question ne sera plus que le germe d'une solution. Tout obstacle deviendra point d'appui sous la pression de ce levier du monde intellectuel.

Vous dites qu'il faut traduire le *droit du plus capable* par le *droit du plus roué*. Je proteste contre cette traduction infidèle, traduction indigne d'une discussion sérieuse. Avais-je donc besoin avec vous de préciser ma pensée en ajoutant : le plus capable *rationnellement* ou *scientifiquement ?*

Ce qui met entre nous l'immense distance qui

sépare le Passé, que j'interroge et que vous personnifiez, de l'Avenir, que je pressens et dans lequel je m'identifie, c'est que vous croyez, vous, à la possibilité d'améliorer indirectement et rapidement la société en améliorant directement l'homme, tandis que moi, je crois qu'il n'est possible d'améliorer indirectement et rapidement l'homme qu'en améliorant directement la société.

Cette double amélioration, directe et indirecte, je l'appelle par les progrès de la civilisation, par les conquêtes de la science, par le triomphe de la vérité sur l'erreur, sans autres armes que le raisonnement, la démonstration, la persuasion, l'évidence ; je ne l'appelle point, je ne l'ai jamais appelée, quoique vous l'insinuiez, par les voies de la révolution, et puisque vous avez jugé à propos de terminer votre réponse par l'adjonction du nom de M. Proudhon au mien, je terminerai ma réplique en rappelant ici ce que, le 7 juin 1848, je ripostais à M. Proudhon : « Ne
» comptez pas sur moi pour conspirer jamais la
» démolition d'aucun gouvernement, mon esprit
» s'y refuserait ; il n'est accessible qu'à une

» seule pensée : améliorer le gouvernement éta-
» bli, le légitimer par le nombre de ses bienfaits,
» le glorifier par la grandeur de ses œuvres (1). »

Tout par le raisonnement, rien par la force : telle a toujours été, en effet, ma règle de conduite, et je ne saurais logiquement en adopter une autre.

Qui a placé le Droit dans le raisonnement, successivement élevé à sa plus haute puissance, croit à la force de la logique, aussi fermement qu'il croit peu à la logique de la force, sous quelque drapeau qu'elle s'abrite, sous quelque bonnet qu'elle se cache, sous quelque nom qu'elle se glisse. Les mots ne le trompent pas. Aussi n'avez-vous pas réussi à m'abuser par ces grands mots : Raison de Dieu.

(1) *Presse* du 7 juin 1848.

III.

> Les lois, dans la signification la plus étendue, sont les rapports nécessaires qui dérivent de la nature des choses ; et dans ce sens tous les êtres ont leurs lois ; la divinité a ses lois, le monde matériel a ses lois, les intelligences supérieures à l'homme ont leurs lois, les bêtes ont leurs lois, *l'homme a ses lois.*
>
> <div align="right">MONTESQUIEU. <i>Esprit des lois.</i></div>

L'objection à laquelle vous revenez toujours, c'est qu'il y a des lois éternelles et absolues qui régissent le monde matériel : lois mathématiques, géométriques, physiques. Est-ce que j'ai jamais nié ces lois ? Est-ce que je n'ai pas, au contraire, commencé par les reconnaître et les proclamer en m'exprimant ainsi : « Je vais des lois émanant » de la volonté de l'homme ou des votes d'une majorité aux LOIS DÉRIVANT DE LA NATURE DES » CHOSES ? » Est-ce que je nie que la Terre existe et tourne? Est-ce que je prétends que la Terre est l'œuvre de l'Homme, et que c'est lui qui la met en mouvement ? Ce que je nie, c'est ce que vous affirmez quand vous dites qu'*il y a des lois éternelles pour* LES SOCIÉTÉS. Soyez donc sincère, soyez donc sérieux, ô mon contradicteur ! La loi de l'être pensant, c'est de se mouvoir dans sa raison comme la loi de chaque astre est de se mouvoir dans son orbite. Quand l'homme s'y meut en toute liberté, il accomplit ainsi la loi de son être. Ce que vous appelez la raison de Dieu est alors pleinement satisfaite ; elle n'exige rien au-delà ! Les lois de l'Homme sont de procréer des idées dans l'ordre intellectuel, comme il procrée des enfants dans l'ordre charnel. Ces idées sont ce qu'elles sont ; elles deviennent ce qu'elles deviennent. Il y a des enfants qui naissent sains et vigoureux ; il y en a d'autres qui naissent infirmes ou difformes. Ceux-ci heureusement sont l'exception. Pareillement, il y a des idées justes ; il y en a d'autres qui sont fausses ou faussées. Celles-ci, malheureusement, ne sont pas encore l'exception, mais elles ne tarderaient pas à l'être si le parrallélisme l'emportait, enfin, sur l'antagonisme de deux forces qui n'ont rien de commun : la force matérielle et la force intellectuelle. La société est à la raison de l'Homme s'exerçant par le raisonnement ce que l'effet est à la cause. La raison de Dieu n'a pas plus de motifs d'y intervenir et n'y intervient effectivement pas plus que dans la construction d'une maison, d'un navire, d'un chemin de fer. Si le constructeur d'un chemin de fer se trompe dans le calcul de ses courbes ou de ses pentes, c'est sa faute, uniquement sa faute ; si le constructeur d'un navire méconnaît les rapports de la pesanteur et de la résistance, c'est sa faute, uniquement sa faute ; si le constructeur d'une maison ne tient aucun compte des règles de la statique, c'est sa faute, uniquement sa faute. La société est un effet ; la raison de Dieu n'est pour rien ni dans la façon dont les pieds des Chinoises sont estropiés, ni dans la façon dont la tête des Omagas est aplatie entre deux planches, à l'opposé des Scythes, qui allongeaient celle de leurs enfants ; ni dans la façon dont la peau d'un grand nombre de sauvages est tatouée ; ni dans la façon dont se mutilent les peuples qui ont superstitieusement conservé la pratique de la circoncision. Que d'innombrables aberrations de ce genre on pourrait citer encore !

C'est par l'édifice qui s'écroule qu'on apprend à construire l'édifice qui ne s'écroule pas ; c'est par le navire que brise la tempête qu'on apprend à construire le navire qui lui résiste ; c'est par la machine à vapeur qui fait explosion qu'on apprend à construire la machine à vapeur qui n'éclate plus ; laissez, laissez la raison de l'homme se former librement, à ses risques et périls, à l'école de l'expérience par l'expérimentation, et la raison trouvera ses lois, comme l'astronomie, comme la physique, comme la géométrie, comme la statique ont trouvé les leurs !

La raison ayant trouvé ses lois, toutes ses lois, la société sera ce qu'elle doit être.

La société ne sera plus l'empire de la Force en guerre avec l'empire de la Raison : elle sera l'empire de la Raison s'étendant exclusivement, successivement, universellement. Elle ne sera plus le combat ; elle sera le progrès.

Ce n'est pas sérieusement que vous avez écrit

ce que je vais transcrire afin qu'on juge de la valeur de vos arguments :

« Dieu a voulu que l'homme fût libre. Il n'emploie pas sa toute-puissance à vous contraindre d'observer ses lois; mais il vous abandonne à votre impuissance quand vous voulez vous séparer de lui.

» Il est bien singulier que cette pensée de la liberté de l'homme, respectée par la toute-puissance de Dieu, ne soit pas même venue à l'esprit de l'écrivain qui porte si haut et si loin l'amour de la *liberté illimitée !* Si M. de Girardin était tout-puissant, il nous imposerait sa volonté et nous dicterait sa loi. Il ne comprend pas un Dieu qui n'écrase pas. Une autorité qui respecte la liberté est tellement en dehors de sa nature, qu'il s'écrie : « Ce serait un Dieu qu'il faudrait reléguer parmi les faux dieux impuissants ou malfaisants qui ont été successivement destitués après avoir été superstitieusement adorés. » Ainsi, M. de Girardin destituerait les dieux qui donneraient la liberté. Il ne respecterait et ne servirait que les dieux imposant leur volonté et dictant leur loi. Quelle révélation ! »

Est-ce que l'homme est libre de ne pas naître,

de ne pas grandir, de ne pas marcher, de ne pas manger, de ne pas boire, de ne pas dormir, de ne pas se réveiller ? Si Dieu a ainsi contraint les hommes d'observer ses lois dans l'ordre matériel, pourquoi donc se serait-il arrêté à mi-chemin et les aurait-il laissés libres de ne pas suivre ses lois dans l'ordre intellectuel ? Vous faites ainsi un Dieu à votre image, c'est-à-dire un Dieu inconséquent, un Dieu qui permet dans l'ordre intellectuel ce qu'il interdit dans l'ordre matériel, un Dieu qui laisse aux hommes la liberté de blesser sa raison immuable, éternelle, universelle, mais qui ne leur laisse pas la liberté, sous peine de mort, de rester une semaine sans boire ni manger!

Ce que je soutiens est précisément le contraire de ce que vous me faites dire.

Je soutiens que l'homme naît avec l'entière liberté de se mouvoir intellectuellement, au même titre qu'il naît avec l'entière liberté de se mouvoir corporellement ; ni plus ni moins. La raison de Dieu n'intervient pas plus dans le second cas que dans le premier. Si l'homme n'est pas libre de se mouvoir corporellement, il n'est pas libre de se mouvoir intellectuellement. Il faut s'entendre préalablement et expressément à cet égard. Selon moi : l'homme n'a pas la liberté de ne jamais se mouvoir, mais il a la liberté de se mouvoir dans tel sens de préférence à tel autre, aussi bien dans l'ordre intellectuel que dans l'ordre matériel. C'est dans ces limites que l'homme naît libre. L'orbite de sa liberté, c'est sa raison.

Que, sous aucun prétexte, aucune atteinte ne soit portée à cette liberté, et le monde social ira de lui-même comme va le monde physique.

Mais qu'on y porte atteinte, chaque nouvelle atteinte portée en rendra une autre nécessaire ; celle-ci en rendra une autre indispensable, et ainsi successivement et sans fin, en tombant de monstruosités en monstruosités. Alors on aboutit, dans l'ordre intellectuel, au même résultat que celui auquel on arrive dans l'ordre matériel quand on ôte aux femmes la liberté de se mouvoir. On les estropie. On déforme leurs pieds, lesquels, comme en Chine, deviennent hideux et infects.

Empêchez une source d'obéir à sa loi ; empêchez-la de jaillir, elle ravinera ! Empêchez un fleuve de suivre son cours, de prendre son niveau : que de canaux sans nombre il faudra inutilement creuser, que de travaux sans fin il faudra vainement exécuter !

On veut empêcher la raison d'obéir à sa loi ; on veut l'empêcher de jaillir, elle ravine ! on veut l'empêcher de suivre son cours, de prendre son niveau, et l'on s'étonne de n'aboutir qu'à des tentatives sans solution, qu'à des expédients sans durée.

Une loi positive qui contredit une loi naturelle ne réussit jamais qu'à attester l'impuissance de celle-là devant celle-ci.

Une autre objection est celle que vous formulez en ces termes :

« M. de Girardin nie qu'il y ait une raison éternelle et universelle. Pour lui, toute la raison est dans la faculté de raisonner.

» Qu'il nous dise donc comment, en partant du même principe, deux esprits placés, l'un à Paris, l'autre à Pékin, arrivent à la même conséquence ! Comment Archimède a vu dans les propriétés du levier ce que tous nos savants y ont trouvé; comment toute l'humanité a quasi ratifié le jugement de Cambyse, faisant écorcher vif un juge prévaricateur ! Si la raison était purement individuelle, pourquoi les hommes, en raisonnant, n'arriveraient-ils pas à des conclusions, non-seulement différentes, mais opposées ? Pourquoi ce que l'un a déclaré juste ne serait-il pas trouvé faux et inique par tous les autres ? Comment s'accorderait-on, même imparfaitement, sur un point ou sur un autre ? »

En vérité, j'éprouve quelque embarras de répondre à des objections de cette puérilité. Il n'eût pas été plus puéril de me poser cette question : Pourquoi deux hommes, nés l'un à Paris, l'autre à Pékin, marchent-ils l'un et l'autre sur les pieds et ne marchent-ils pas l'un sur les pieds, l'autre sur la tête ? D'ailleurs, est-il donc vrai qu'en raisonnant les hommes n'arrivent pas communément à des conclusions non-seulement différentes, mais opposées ? Est-ce que vous et moi n'en offrons pas en ce moment même l'exemple ? Est-ce que, vous et moi, nous sommes d'accord ? Est-ce que le gouvernement russe ne trouve pas légitime sa conduite, que le gouvernement français et le gouvernement anglais ont qualifiée d'inique? Est-ce que ces trois gouvernements s'entendent, quoiqu'ils admettent unanimement une raison éternelle et universelle? Est-ce que l'histoire comparée des peuples n'est pas un tissu de contradictions légales?

Mais la grosse, la capitale objection que vous teniez apparemment en réserve est celle que vous décorez ainsi du nom de problème.

« Comment ce qui est *individuel* peut-il devenir, nous ne dirons pas *universel*, M. de Girardin n'a pas cette ambition, mais général, ce qui serait nécessaire pour que le droit eût quelque force? Voilà le problème vraiment insoluble qui se présente à l'esprit avec la définition de notre adversaire. Ce problème insoluble, il essaye de le résoudre. »

Où donc est le problème, et en quoi est-il insoluble? Est-ce que toute science ne commence pas par être individuelle avant de devenir universelle? Est-ce que toute science n'est pas à la fois universelle et individuelle? *Universelle*, puisque toute découverte scientifique faite par un individu profite au monde entier, et *individuelle*, puisque nul ne sait que ce qu'il s'est donné lui-même la peine d'apprendre ? La science s'impose universellement et s'acquiert individuellement. C'est même en cela qu'elle diffère de l'art qui est moins universel et plus individuel. On naît artiste, on devient savant.

Vous n'admettez pas, je m'y attendais, qu'on réduise le Mal à n'être plus qu'un Risque. Voici votre objection :

« Nous doutons que le calcul de la *réciprocité* soit très raisonnable pour préserver les hommes du *risque* du mal. Le calcul de M. de Girardin serait juste si l'on ne volait que les voleurs, si l'on ne tuait que les assassins ; mais il n'en est pas ainsi. Si l'honnête homme auquel on a pris sa bourse ; si le voyageur pacifique qui a été blessé par un brigand prenait au pied de la lettre la loi de réciprocité, s'il raisonnait comme M. de Girardin veut qu'il raisonne, ne devrait-il pas dire : On m'a volé, donc il faut que je vole ; on a voulu m'assassiner, donc il faut que j'assassine? Si la société n'avait pas d'autre garantie que la raison humaine telle que M. de Girardin la définit ou l'explique, que deviendrait-elle ? La raison de Dieu dit à la raison de

l'homme : « Tu ne tueras pas, tu ne voleras pas. »
Elle le lui dit avec l'autorité que le Créateur a raisonnablement sur sa créature, et avec la sanction des peines dans cette vie et dans l'autre.

« Croire que vous suppléerez à Dieu par le calcul, le raisonnement, c'est la folie des folies ! Le raisonnement et le calcul, s'il n'y avait pas de Dieu, vous porteraient à tous les crimes. »

Telle est cette autorité, telle est cette sanction qu'en effet, dans notre société, gouvernée depuis tant de siècles en vertu des doctrines qui ont pour fondement la raison de Dieu, on ne tue ni on ne vole !

Les comptes rendus de la justice criminelle, qui se publient annuellement, sont des romans imprimés pour distraire l'imagination et la transporter dans une autre région que celle des réalités (1).

---

(1) Annuellement, il sort, non des bagnes, mais des prisons ordinaires, de 40 à 50,000 voleurs, prêts à tremper leurs mains dans le sang ; et sur ce nombre il y en a 6, 7 ou 8,000 au moins qui ne valent pas mieux que les forçats et sont aussi dangereux pour la société.
    LELUT. *Corps législatif*, 2 mai 1854. Loi sur l'exécution de la peine des travaux forcés.

Mais le sujet est trop sérieux pour comporter la raillerie, quoique vous paraissiez vous être donné pour tâche de la provoquer en démontrant exactement le contraire de ce que vous tentez de prouver.

Présentement, à quels moyens la société recourt-elle contre le voleur et contre l'assassin ? Se substituant au volé et agissant à sa place, elle arrête, elle juge, elle emprisonne le voleur ; mais

On a arrêté à Paris, pendant l'année 1852, 21,316 personnes, dont 19,695 en flagrant délit. Sur ce nombre, les garçons mineurs entraient pour 6,228, et les filles mineures pour 581, les vagabonds pour 6,414, les mendiants pour 2,698, et les individus sans asile pour 1,396, c'est-à-dire que l'on a arrêté et exposé à la contagion des prisons 10,508 individus qui n'avaient commis ni crime, ni délit.

MAISONS CENTRALES. *Rapport du ministre de l'intérieur*, 11 mai 1854.

 1852 Mouvement d'entrée.................. 28,861
    Entrées.................... 10,460
    Sorties...................... 9,141
 Effectif au 21 décembre 1852.............. 19,720

Augmentation progressive sur les années antérieures.

Libérations, 6,926, soit 35 0/0.

Proportion inquiétante, si l'on considère que, d'après les statistiques criminelles, sur 100 libérés des maisons centrales, 37 pour les hommes et 25 pour les femmes (62) sont ordinairement jugés de nouveau dans les cinq années qui suivent leur libération.

Cette proportion est bien plus considérable dans les établissements qui avoisinent la capitale. Un rapport du directeur de la maison centrale de Melun, sur les entrées du dernier semestre de 1853, a constaté le chiffre de 70 récidivistes sur 100 condamnés.

le volé en a-t-il été moins volé? Se substituant à
l'assassiné, et agissant à sa place, elle arrête,
elle juge, elle guillotine l'assassin ; mais l'assassiné en a-t-il été moins assassiné, et la mort du
meurtrier rend-elle la vie à sa victime ?

Qu'est-ce que je propose ?

Je propose de s'y prendre, avec le mal trans-
formé en risque, comme Franklin s'y est pris
avec la foudre. A-t-il imaginé de lui intenter des
procès, de lui faire subir des condamnations, de
lui appliquer des peines ? Non ; il a été droit de
l'effet à la cause, sans s'arrêter à l'effet. Je propose d'aller droit au vol, au meurtre, au lieu de
s'arrêter au meurtrier, au voleur. Je propose de
remplacer la *pénalité* par la *publicité* (1). Je propose de traiter le mal comme le médecin traite la
maladie. C'est un axiome admis en médecine que
tout état morbide se révèle par ses symptômes.
Donc, il faut les étudier et non les supprimer.

Pourquoi vole-t-on ? En quelles circonstances

---

(1) Les républiques anciennes n'avaient pas de lois judiciaires
pour punir les crimes et réprimer la violence.

ARISTOTE, cité par VICO.

plus particulièrement vole-t-on ? Où se recrutent les voleurs ? etc., etc. Pourquoi tue-t-on ? En quelles circonstances plus particulièrement tue-t-on ? Où se recrutent les meurtriers ? etc., etc.

Telle est l'enquête permanente que je commencerais par ouvrir.

Si cette enquête m'apportait la preuve que les hommes dépourvus d'instruction commettent, toute proportion gardée, plus de vols et plus de meurtres que les hommes sachant lire, écrire, compter, au lieu de dépenser de l'argent à construire et à entretenir des prisons, j'appliquerais cet argent à construire et à entretenir des écoles ; si cette enquête m'apportait la preuve qu'il se commet plus de vols la nuit que le jour, et que les condamnés, loin de s'amender, se pervertissent encore dans les maisons dites de force et de correction, au lieu de dépenser de l'argent à loger, nourrir, vêtir des malfaiteurs, j'appliquerais cet argent à multiplier le nombre des réverbères et à solder une vigilante police de sûreté ayant l'œil ouvert toute la nuit. Je me servirais du malfaiteur pour me guider dans mes recherches,

comme on se sert de l'exhalaison du gaz pour
reconnaître une fuite dangereuse, ou de la fumée
pour découvrir un incendie caché ; je m'en servirais comme d'un indice utile, jusqu'à ce que
j'eusse détruit, ou du moins considérablement
diminué, l'une après l'autre, les causes généra-
trices du vol et du meurtre ; et en procédant
ainsi, je ne ferais que suivre les traces marquées
par saint Vincent de Paul. Si vous pensez que les
infanticides sont des crimes, et si vous croyez que
le nombre en a été diminué par l'institution des
tours d'exposition, vous devez reconnaître avec
moi qu'au lieu de viser le criminel à la tête, il est
plus sûr de viser le crime au cœur. Mieux encore :
où la naissance d'un enfant ne serait ni une honte
ni une charge, croyez-vous qu'il se commît jamais d'infanticides en d'autres cas que dans des
accès de fièvre et de délire ? Où les maisons sont
toutes construites en pierre et couvertes en tui-
les, croyez-vous qu'il n'y a pas un moins grand
nombre d'incendiaires qu'où elles sont construites
en bois et couvertes en chaume(1)? Où il existe des

(1) On vous avertit que si, la nuit, le feu prend dans le quartier, il

grandes routes, comme en France, croyez-vous qu'il ne se commet pas un moins grand nombre de vols à mains armées qu'en Espagne ? Donc, on peut tarir le crime à sa source, ce qui est un moyen plus simple et plus efficace que de tenter de l'arrêter tardivement dans son cours alors qu'il a creusé son lit et submergé ses rives. Sans doute l'application de ces idées n'aurait point pour effet d'anéantir immédiatement et entièrement tous les malfaiteurs, mais est-ce que le système en vigueur les supprime tous ? Est-ce que ce n'est point pour rentrer dans les maisons de force et de correction comme récidivistes, que 70 sur 100 condamnés à temps en sortent comme libérés ? Est-ce que le Code pénal est un filtre qui ne laisse déposer aucune lie au fond de la société, dont il se proclame la garantie ? Est-il bien certain que si le Code pénal n'existait pas, il se commît un

y a un refuge dans tel couvent voisin ou dans telle maison *bâtie en pierres;* ainsi, l'incendie est habituel, il doit être prévu, il est une des *conditions de la vie à Constantinople.* Jamais il n'est permis de fermer les yeux avec sécurité ; le riche qui dort sur ses trésors est constamment exposé à les perdre avec la vie, ou au moins à risquer sa vie pour les conserver.

DUC DE RAGUSE. *Voyage en Orient.*

beaucoup plus grand nombre d'actes nuisibles qualifiés crimes et délits ? N'y a-t-il pas, au contraire, lieu de supposer que le nombre s'en réduirait rapidement et notablement, si ces actes n'étaient plus considérés que comme des risques qu'on peut prévoir et prévenir, combattre et diminuer en s'attaquant non à l'effet mais à la cause, en s'attachant non à l'ombre mais à la proie ? Le criminel n'est que l'ombre du crime. Par la clarté de la flamme, l'homme est parvenu à dissiper l'obscurité de la nuit, et, à la lueur d'une torche, d'une bougie, d'une lampe ou d'un bec de gaz, à y voir la nuit aussi distinctement que le jour : le plus difficile, c'est ce qu'il a fait : le moins difficile, c'est ce qui lui reste à faire. Il lui reste, par la clarté de la publicité, à tirer la société, œuvre de l'homme, de l'obscurité dans laquelle elle est encore honteusement plongée ; il lui reste à donner à cette clarté un tel éclat qu'elle rende en quelque sorte transparente la vie de chacun et la vie de tous. Si la conscience était diaphane, si chacun y pouvait lire, croit-on que la plupart des crimes et des délits qui s'ourdissent et se commettent, s'ourdiraient et se commettraient encore ? Est-on bien sûr que l'homme naît criminel ? Est-on bien sûr que beaucoup de crimes et de délits qui sont imputés à l'homme soient autre chose, en réalité, que les souillures d'une société encore emmaillottée dans ses langes ? N'est-on pas communément enclin à faire à ce qu'on appelle les vices de l'homme une trop forte part, et à en faire une trop petite à ce qu'on devrait nommer, dans une autre acception, les vices de la société ? N'y a-t-il point là une erreur funeste que nous payons chèrement et que nous expions cruellement ?

Oui, sans doute, mes idées admises et appliquées, il resterait encore un certain nombre de risques impossibles à faire disparaître entièrement. Mais, est-ce que le feu qui chauffe n'incendie pas ? Est-ce que l'eau qui féconde ne ravage pas ? Est-ce que le vent qui fait avancer la barque ne la fait pas chavirer ? Est-ce que le soleil qui fait mûrir les moissons ne fait pas mourir le moissonneur ? Est-ce que la gelée qui, là, est salutaire, ici n'est pas contraire ? Est-ce que la vapeur, qui est une force, n'est pas un péril ? A cause de ces risques renonce-t-on à l'usage de l'eau et du feu, demande-t-on la suppression du vent, du soleil, de la gelée, de la vapeur? Est-ce qu'il n'y a pas de risques en tout ? Est-ce que tout n'est pas risque ? Est-ce que l'homme marche sans le risque de tomber ? Est-ce qu'il cherche la vérité sans le risque de rencontrer l'erreur ?

Toute la question se réduit donc à savoir quelle part dans une société il faut faire aux risques sociaux, et s'il vaut mieux, pour en réduire le nombre, s'en rapporter aux lois dérivant de la nature des choses qu'aux lois émanant de la volonté d'un souverain ou des votes d'une assemblée?

Il ne s'agit point de suppléer Dieu par le calcul, par le raisonnement ; il s'agit uniquement d'employer le calcul et le raisonnement dans ce qui est essentiellement de leur ressort. A quoi servirait d'avoir découvert le levier s'il ne devait rien y avoir à soulever ? A quoi servirait d'avoir inventé le compas et l'équerre, s'il n'y avait pas de cercles à tracer, de distances à mesurer, de lignes à vérifier? Le calcul et le raisonnement sont des instruments.

Prétendre qu'ainsi employés, le calcul et le raisonnement porteraient à tous les crimes, équivaut à dire que perfectionner la construction des navires, c'est augmenter les risques de naufrages; que remplacer le bois et le chaume par le fer et le zinc, c'est augmenter les risques d'incendie; que remplacer les rues sales et insalubres par des rues propres et aérées, c'est augmenter, en cas d'épidémie, les risques de contagion, etc. Appliquer le calcul et le raisonnement, n'est-ce donc pas appliquer la première de toutes les lois éternelles et universelles, celle qui constitue l'incontestable supériorité de l'homme, être pensant, sur tous les êtres dont l'infériorité consiste à avoir été privés de la faculté de penser?

Assez et trop longtemps on a fait des lois sans faire de mœurs. Où cela nous a-t-il menés, où cela nous mène-t-il? Essayons donc de faire des mœurs sans faire de lois! Que la morale, remontant à son sens étymologique, soit effectivement la *science des mœurs*, et non-seulement j'admettrai la nécessité de la morale, mais je la proclamerai! Assez, et trop longtemps, on s'est défié de la raison dont chaque homme apporte avec lui le germe en naissant, et qui, comme fruit, a besoin de mûrir. Les tuteurs intéressés qui l'ont frappée de suspicion, afin de prendre sa place, qui ont retardé sa maturité, nous ont-ils donc si bien conduits dans les voies de l'équité et de la vérité, qu'on doive continuer à se confier à eux de préférence à elle? Qui prouve que la raison collective soit plus éclairée et moins sujette à l'erreur que la raison individuelle? Est-ce l'histoire?

S'il est vrai qu'il existe des lois éternelles et divines « *régissant les sociétés,* » ainsi que vous l'affirmez, pourquoi donc ne point s'en rapporter exclusivement à ces lois, pourquoi donc leur préférer, leur substituer des lois passagères et factices? J'ai démontré, textes en main, que ce que vous appelez le Droit, que ce que vous appelez la Raison de Dieu, que ce qui, selon elle, selon l'Evangile, serait le Bien, aboutirait à la chute de toute justice humaine, de toute hiérarchie sociale, de toute autorité dominatrice, de toute richesse inégale, de toute la société, enfin, telle que l'ont formée et transformée la succession des siècles, la succession des idées. Ne pouvant contester cette démonstration, vous avez gardé le silence. C'est de la même façon, c'est en vous taisant, que vous confessez l'impuissance, l'impossibilité de répondre aux questions que je vous avais posées en ces termes : Si les sociétés sont soumises à des lois éternelles et divines, comment expliquez-vous que telles générations aient pu ou puissent avoir un sort si différent du sort de telles autres générations? Quelles compensations seront données à l'homme qui aura vécu le corps courbé sous l'esclavage, sous le servage, sous l'oppression, tandis que son semblable vit ailleurs la tête haute, en pleine possession de lui-même et ne relevant que de sa seule raison? Comment et où se règlera l'égalité rompue entre ces deux hommes?

Éluder toutes les questions précises que je vous avais adressées et ne reproduire que de vaines objections déjà réfutées : tel a été le suprême effort pour lequel, malgré votre grande expérience de la controverse et votre incontestable talent d'écrivain, il vous a fallu sept dissertations et quinze jours !

Mais si vous avez échoué où il était impossible d'aborder, une consolation vous reste, c'est de n'avoir pu aborder où avant vous déjà avait pareillement échoué Vico essayant de rectifier Descartes.

IV.

> Je ne saurais voir pourquoi l'on devrait supposer que Dieu imprime certains principes universels dans l'âme des hommes, puisque les principes de spéculation qu'on prétend être *innés* ne sont pas d'un fort grand usage, et que ceux qui concernent la pratique ne sont point évidents par eux-mêmes.
>
> En refusant aux principes de morale la prérogative d'être *innés*, qui ne leur appartient point, on n'affaiblit en aucune manière ni leur vérité ni leur certitude.
>
> LOCKE.

Existe-t-il des lois universelles, éternelles, immuables régissant l'humanité?

— Oui ; et la preuve que ces lois existent, c'est leur éternité, c'est leur universalité, c'est leur immuabilité, manifestes, incontestables, incontestées.

Existe-t-il des lois universelles, éternelles, immuables régissant les sociétés?

— Non ; et la preuve que ces lois n'existent

pas, c'est leur absence démontrée par cinq mille huit cents ans de recherches infructueuses.

L'humanité est une, composée d'hommes et de femmes, d'enfants et de vieillards, les uns bien et les autres mal partagés sous le rapport de la force, de la beauté, de la santé, de l'intelligence ; elle est ce qu'elle fut, elle est ce qu'elle sera.

Les sociétés sont diverses, elles ne sont plus ce qu'elles furent et ne sont pas ce qu'elles seront. Il suffit d'un homme dans un siècle pour transformer une société, pour la tirer de la barbarie ou pour l'y replonger.

Pourquoi l'humanité est-elle une? Parce qu'il n'est pas au pouvoir de l'homme de l'assujettir à sa volonté.

Pourquoi les sociétés sont-elles diverses ? Parce qu'étant ce que l'homme les fait, elles varient selon que le raisonnement exerce sur elles plus ou moins d'empire. Elles sont le ratiomètre marquant le degré de civilisation ou de barbarie, comme le thermomètre indique le degré de chaleur ou de froid.

L'humanité, c'est l'ordre éternel, universel, immuable.

La société est l'ordre successif, partiel, mobile.

L'humanité ne peut se concevoir sans l'ordre éternel, universel, immuable.

La société, qui ne serait pas l'ordre successif, partiel, mobile, ne serait plus la société, ce serait l'humanité.

Votre erreur est de persister à confondre l'humanité et les sociétés.

Qu'est-ce qui distingue l'homme de tous les autres êtres vivants, et qu'est-ce qui constitue sa supériorité sur eux ? C'est la faculté de raisonner, c'est la force intellectuelle dont il a été exclusivement doué.

Que doit donc faire l'homme ? L'homme doit s'appliquer sans relâche à étendre, par tous les moyens directs et indirects, cette force intellectuelle qui est en lui, qui est sa « *loi dérivant de la nature des choses,* » suivant l'expression consacrée de Montesquieu.

C'est cette force intellectuelle qui le fait libre !

C'est cette force intellectuelle qui le fait souverain !

L'homme commandant à la matière, à tous les êtres privés de raison, et n'obéissant qu'à la raison : voilà ce qui constitue la souveraineté individuelle, la liberté humaine !

Est-ce que l'homme qui aspire à commander n'a point assez, pour exercer sa puissance, de maîtriser les éléments, de subjuguer les animaux, de convertir les résistances en forces et les obstacles en moyens ? Est-ce que la nature, moins l'homme, n'est pas pour l'homme un empire assez vaste que l'homme ait encore besoin de commander à l'homme ? A quel titre un homme commande-t-il à ses semblables, à ses égaux, à ses frères ? Lorsqu'ils lui obéissent, est-ce volontairement ? Lui obéiraient-ils s'ils étaient matériellement les plus forts, s'il était matériellement le plus faible ? Commander à son semblable aussi bien que lui obéir, c'est s'amoindrir, car c'est donner la mesure de la petitesse humaine. Ne céder qu'à la persuasion ou qu'à l'évidence : TELLE EST LA LOI DÉRIVANT DE LA NATURE DE L'HOMME.

Loi ayant pour conséquences implicites :

L'instruction de l'homme par l'homme succédant exclusivement à la domination de l'homme par l'homme ;

Le parallélisme de la force intellectuelle et de la force matérielle succédant à l'antagonisme de la force matérielle et de la force intellectuelle, ainsi replacées chacune dans son orbite et n'étant plus exposées à ces chocs terribles que l'histoire nomme révolutions et usurpations, coups de Peuple et coups d'État ;

La démarcation tracée d'elle-même entre ce qui constitue effectivement la puissance *individuelle* et ce qui compose nécessairement la puissance *indivise*, succédant aux divisions faussement imaginées de pouvoir spirituel et de pouvoir temporel, de pouvoir législatif et de pouvoir exécutif ;

La supériorité démontrée succédant à l'autorité constituée ;

Le savoir acquis succédant au pouvoir conquis ;

La logique succédant à la politique ;

Le calcul des probabilités succédant au hasard des événements ;

La prévoyance succédant à l'intimidation ;

Le risque succédant au mal qualifié crime et délit ;

La publicité répressive succédant à la pénalité arbitraire.

La loi dérivant de la nature de l'homme, étant la raison même démontrée par le raisonnement et appliquée à toutes les questions, renferme en elle la solution graduelle de tous les problèmes et la diminution successive de tous les risques : ouvrant une ère nouvelle, elle ferme l'ère des lois positives, des constitutions factices, des garanties illusoires, des tutelles abusives, des discordes civiles, des guerres intermittentes, des paix ruineuses, des révolutions stériles et des peuples-troupeaux.

Sous cette loi, il ne grandit plus d'hommes qui ne pensent pas, il ne grandit plus que des hommes qui pensent ; l'enfant qui naît est élevé pour devenir un homme, dans la plus haute acception que, relativement à l'étendue de ses aptitudes, comporte ce mot; conséquemment, il n'y a plus que des hommes raisonnables.

Quelle opinion aurait-on d'un peuple composé de vingt millions d'individus majeurs, dont plus de dix-neuf millions seraient à l'état de culs-de-jatte? Le regard attristé s'en détournerait avec pitié et dégoût. Eh bien ! ce qui paraîtrait charnellement monstrueux paraît intellectuellement tout simple. On ne s'attriste ni ne s'étonne que, sur vingt millions d'individus majeurs, plus de dix-neuf millions restent à l'état de culs-de-jatte intellectuels. Et comme il semble que telle doive être socialement la condition humaine, on ne fait efficacement aucun effort sérieux pour la changer. On ressasse à perpétuité les lieux communs sur la Religion, la Famille, la Propriété, la Société, la Justice, la Morale, la Conscience, le Droit, la Raison de Dieu, au lieu de faire pour l'homme ce qu'on fait pour le champ inculte qu'on défriche, pour l'arbre sauvage qu'on greffe. Cependant, s'il est une culture qui doit passer avant toute autre culture, n'est-ce point celle de l'homme? Qu'est-ce que l'homme civilisé, sinon l'homme cultivé?

En résumé, que prouve l'impossibilité de trouver une définition du Droit qui mette les penseurs d'accord ? Cette impossibilité prouve que c'est un mot qui n'a pas de sens précis ; cette impossibilité prouve que c'est un nom donné à une chose qui n'existe qu'imaginairement ; cette impossibilité prouve qu'en réalité et en définitive il n'y a pas de Droit; il y a une civilisation plus ou moins avancée, se mesurant au nombre plus ou moins considérable d'hommes agissant non en êtres qui ne pensent pas, mais en êtres qui pensent et raisonnent, comparent et réfléchissent, calculent et prévoient, lisent et écrivent, étudient et enseignent ; il y a une civilisation plus ou moins avancée, se mesurant au nombre plus ou moins considérable de risques écartés ou diminués, de progrès réalisés ou en voie de s'accomplir, selon la belle définition de Turgot. « par le développement gra» duel de la puissance de l'homme sur la matière. »

Rayons donc le mot Droit pour mettre à sa place le mot Civilisation.

La civilisation, c'est la raison humaine s'attestant de plus en plus par ses œuvres.

La civilisation, c'est le règne de plus en plus exclusif de la loi dérivant de la nature de l'homme.

Or, la loi dérivant de la nature de l'homme, c'est de soumettre en tout et partout la puissance de la force à la puissance de l'intelligence ; c'est qu'il y ait autant de souverains sur la terre qu'il y a d'hommes ; c'est que l'homme se gouverne uniquement par sa raison ; c'est que l'homme produise et porte des idées, comme la loi dérivant de la nature du grain de blé est que le grain de blé produise et porte des épis ; c'est que l'homme plane dans les hauteurs de la pensée comme la loi dérivant de la nature de l'aigle est que l'aigle plane dans les hauteurs de l'air.

V.

L'espèce humaine, vieillissant dans sa longue enfance, est restée dans l'ignorance de sa propre vie. D'où vient cela ? La réponse est facile à faire.

Lorsque ces belles intelligences ont voulu guider notre espèce dans les voies de son perfectionnement, la science de la nature de l'homme était à peine au berceau ; on observait, on écrivait et l'on parlait alors sous l'empire exclusif de quelques sentiments supérieurs. Notre constitution morale n'avait point été analysée dans ses éléments primitifs ; on ne savait ni le nom ni le nombre de nos facultés. Notre cerveau était resté lettre close....

L'homme aujourd'hui est connu comme on connait tout autre corps de la nature, comme on connait un mollusque, un végétal, un insecte, un quadrupède ; on sait les fonctions qu'il partage avec les végétaux, les facultés qui le mettent sur le plan des animaux, et les pouvoirs qui l'ennoblissent et le distinguent du reste de la création.

Dr VOISIN, *médecin en chef des aliénés de Bicêtre.*

J'aurais dû prévoir qu'à la fin de ce débat, l'objection vaincue se tournerait en accusation dangereuse. C'est en effet ce qui est arrivé, vous requérez contre moi en ces termes :

« Votre doctrine, c'est tout simplement l'oppression offerte sous le nom d'émancipation ; vous dorez le despotisme comme d'autres ont doré la guillotine ; mais, en réalité, vous ôtez aux peuples leurs droits, aux gouvernants leurs devoirs, à l'opprimé Dieu — l'espérance par conséquent — et vous enlevez à l'homme qui souffre jusqu'à la raison de sa douleur ! »

Qu'y a-t-il de vrai dans cette accusation contre laquelle la vraisemblance proteste non moins énergiquement que la vérité ? Vouloir que l'homme civilisé se gouverne lui-même et n'ait plus d'autre gouvernement que le gouvernement de sa propre raison ; vouloir la liberté sans autres limites que ses limites naturelles : Réciprocité encourue et Responsabilité appliquée ; vouloir la liberté définitivement garantie par la séparation rationnelle de ce qui constitue essentiellement le pouvoir *individuel*, et de ce qui compose nécessairement le pouvoir *indivis* : c'est là ce que vous appelez « offrir l'opposition et dorer le despotisme ! »

Qui porte une telle accusation doit la prouver. Vous accusez; mais vous ne prouvez pas ! Comment pourriez-vous prouver ?

Quelle séparation plus facile à opérer entre le pouvoir *indivis* et le pouvoir *individuel* que celle que je propose? Il suffit de tracer entre eux la ligne suivante :

Tout ce qui, de sa nature, est *indivisible* et ne saurait être individualisé, appartient nécessairement au pouvoir *indivis;* tout ce qui, de sa nature, est *divisible* et peut n'être pas nationalisé, appartient essentiellement au pouvoir *individuel*.

Ne se trouvera-t-il donc dans aucun pays un dépositaire de la puissance nationale qui comprenne que cette distinction admise, que cette séparation opérée donnerait à l'esprit de civilisation tout ce qu'elle ôterait à l'esprit de révolution ! Ce serait l'extinction de tous les partis et la solution de tous les problèmes.

Après l'accusation qui précède, vous m'adressez les interpellations qui suivent :

Première interpellation : « Vous blâmez l'oppression, vous n'approuvez d'autre gouvernement que la persuasion, d'autre pénalité que la publicité ; vous flétrissez même le commandement et l'obéissance. Cela est vrai ; mais au nom de quoi pouvez-vous blâmer quelque chose, s'il n'y a pas de morale, de justice et de raison ? »

Où donc avez-vous lu que j'aie jamais nié l'existence de la raison ? Moi, nier l'existence de la raison, moi qui proclame que la raison est la loi constitutive et distinctive de l'homme, conséquemment la loi universelle, éternelle, immuable, la loi naturelle qui condamne comme erronées ou superflues toutes les lois positives ! Non-seulement cela est faux, mais cela est impossible, et discuter ainsi, c'est s'avouer vaincu. Je n'admets, il est vrai, que la raison démontrée par le raisonnement ; mais n'admettre que le mouvement démontré par le mouvement, est-ce nier le mouvement ? N'admettre que la force relative soit à une force rivale, soit à une force moyenne, est-ce nier la force ? Quelle force connaissez-vous qui soit absolue ? Si la force corporelle n'est pas et ne saurait être absolue, pourquoi en serait-il autrement de la force intellectuelle ? Est-ce que la force corporelle et la force intellectuelle ne sont pas individuelles, conséquemment l'une et l'autre relatives à une moyenne ? Est-ce qu'elles n'ont pas toutes deux la même origine ? Je les admets au même titre. J'admets la force matérielle ayant pour sanction la force matérielle : elle a un nom ; elle se nomme *le droit du plus fort matériellement.* J'admets la force intellectuelle ayant pour sanction la force intellectuelle : elle n'a pas encore de nom, mais je la nomme *le droit du plus fort intellectuellement.* Ainsi, j'admets qu'il y a deux manières d'être le plus fort, et je les proclame hautement, l'une et l'autre, également légitimes, soit qu'il s'agisse d'opposer la force matérielle à la force matérielle, soit qu'il s'agisse d'opposer la force intellectuelle à la force intellectuelle. Mais où l'emploi de la force matérielle cesse d'être légitime, c'est lorsqu'il s'exerce contre la force intellectuelle ; mais où l'emploi de la force intellectuelle cesse d'être sensé, c'est lorsqu'il s'exerce contre la force matérielle. Il est sans exemple que le raisonnement d'un homme assailli par un lion l'ait jamais fait renoncer à sa proie. Pour compléter ma pensée, j'ajoute qu'où le droit qui règne d'homme à homme, de gouvernement à individu, de peuple à peuple, est *le droit du plus fort corporellement, militairement, légalement,* c'est *l'état de barbarie,* tandis qu'où le droit qui règne d'homme à homme, de gouvernement à individu, de peuple à peuple, est *le droit du plus fort intellectuellement, industriellement, scientifiquement,* c'est *l'état de civilisation.* Ici, le mot *droit* est pris dans sa véritable acception ; il signifie *mesure.*

Le droit du plus fort intellectuellement ainsi proclamé en ces termes, persisterez-vous encore à prétendre que je suis sans fondement pour empêcher ce qui est nuisible ? Eh bien ! laissez un instant à l'écart Dieu, la Morale, la Justice, la Conscience, la Société, et, vous plaçant avec moi exclusivement sur le terrain de deux champions luttant raisonnement contre raisonnement, venez prouver que l'homicide, le viol, le vol, la fraude n'étant plus que des *risques* ainsi que je les ai qualifiés, ont raison d'exister. Ceux qui nous lisent pèseront vos arguments et les miens, et décideront si le raisonnement ne suffit pas amplement pour condamner la fraude, le vol, le viol, l'homicide, au nom de la raison individuelle, non moins absolument et non moins efficacement qu'au nom de la raison divine ou de la raison sociale. Le précepte qui commande à l'homme de ne point faire à son semblable ce qu'il ne voudrait pas que celui-ci lui fît, ne serait point divin qu'il n'en serait pas moins parfaitement logique, et s'il est encore si mal observé, c'est qu'il n'est pas bien enseigné. Il s'adresse à la conscience par voie d'exhortation évangélique, tandis que c'est à l'évidence qu'il devrait en appeler par voie de démonstration mathématique.

Il serait facile de démontrer que la vie est un grand livre, tenu en partie double, où chaque individu, ayant son compte ouvert, se débite et se crédite à son insu. Être nuisible à son semblable, c'est se débiter d'une quantité égale au dommage qu'on lui a causé ou qu'on a tenté de lui causer ; tandis que lui être utile, c'est se créditer d'une quantité égale à celle dont il vous est redevable. Aussi le précepte de réciprocité n'admet-il rationnellement que la réciprocité du bien et jamais la réciprocité du mal. Je me sers ici, pour être plus clair et plus bref, des expressions Bien et Mal, telles qu'elles sont consacrées par l'usage. Rendre le mal pour le mal, c'est l'autoriser contre soi et l'éterniser ; conséquemment, c'est agir irrationnellement ; tandis que s'en abstenir et ne jamais faire que le bien, toujours le bien, exclusivement le bien, c'est grossir son actif sans accroître son passif, c'est avoir des débiteurs et n'avoir point de créanciers. Est-ce qu'un commerçant à l'ordre duquel un billet a été passé, parce que ce billet n'a pas été payé la veille s'autorise de ce fait pour ne point payer le lendemain son acceptation échue? Non. Pourquoi? Parce qu'il sait que, s'il entendait ainsi la réciprocité, c'en serait fait de son crédit. Il paye donc, alors même que lui n'a pas été payé, et en agissant ainsi, il agit rationnellement. Ce même commerçant, qui fraude sans scrupule sur la qualité de sa marchandise, se croirait déshonoré s'il exposait sa signature au plus léger retard. Tel est le pouvoir de l'idée sur l'homme. Lorsqu'on connaît ce pouvoir, lorsqu'on l'a mesuré, est-il donc difficile de l'étendre? Non. Lorsqu'on le voudra sérieusement, ce même commerçant agira, relativement à la qualité de sa marchandise, comme il agit relativement à la ponctualité de sa signature ; il aura le respect de l'une comme il a le respect de l'autre ; mais si vous tenez à ce qu'il en soit ainsi, ne lui parlez pas morale, parlez-lui profit ; ne vous adressez pas à sa conscience présumée par la morale, adressez-vous à sa raison éclairée par l'intérêt. Il faut prendre l'homme tel qu'il est ; c'est parce qu'on lui demande trop qu'on obtient si peu ; si on lui demandait moins, on obtiendrait plus. Cessez de demander à l'homme d'être un dieu sur la terre ; demandez-lui seulement d'être un homme, c'est-à-dire de se rendre compte, par le raisonnement et le calcul, de chacun de ses actes. Alors il y aura autant d'églises, autant de gouvernements, autant de tribunaux qu'il y aura d'hommes en possession de la plénitude de ses facultés intellectuelles, car chaque homme sera à lui-même son église, son gouvernement, son tribunal ; alors ce sera véritablement le règne de la loi de l'homme, dérivant de sa nature ; alors tout se simplifiera ; alors tout ira de soi-même ; alors le mal ne sera plus relativement et proportionnellement au bien dans l'ordre social que ce qu'il est dans l'ordre naturel, où il n'est pas sans exemple que la pluie qui féconde les récoltes les inonde, et que la chaleur qui mûrit les fruits les brûle. Propose-t-on, cependant, de décréter la suppression de la pluie et l'emprisonnement du soleil ? Toute la question entre vous et moi se réduit à l'éclaircissement de ce point : si les hommes n'avaient pas d'autre législation que leur instruction, si les peuples n'avaient pas d'autre constitution que leur civilisation, le monde en irait-il moins bien et moins sûrement ? Y aurait-il plus de risques, ou au contraire y en aurait-il moins ?

Deuxième interpellation : « Dites-nous donc, vous

qui niez le droit, la justice, le bien et le mal moral, la raison de Dieu et même la raison de l'homme, pour ne laisser subsister que la raison individuelle, dites-nous sur quoi vous vous fondez pour déclarer à votre classe pensante et raisonnante qu'elle doit propager l'instruction dans les masses populaires. Est-ce qu'elle a le moindre intérêt à cela? Est-ce que son monopole de domination ne s'appauvrira pas en s'étendant? Dites-nous comment ces individus éclairés, savants, raisonnant à leur point de vue particulier, s'accorderont pour réaliser leur bien général qui diminuera leur bien individuel, s'il n'y a pas une loi morale qui les oblige envers les hommes moins éclairés qu'eux, si cette loi morale n'a pas une sanction divine? »

Voyant ce que je vois, comment ne nierais-je pas la puissance tutélaire de ce que vous nommez « le Droit, la Justice, le Bien et le Mal moral, la raison de Dieu! » Frappé du spectacle de leur impuissance séculaire et universelle, qu'ai-je fait? J'ai cherché un nouveau frein dans la réciprocité, qui, je le répète, est à la liberté ce que la preuve arithmétique est à la règle. L'ai-je trouvé? C'est ce que l'expérience, cet arbitre suprême, dé-

cidera ; mais point n'est besoin d'attendre qu'elle ait décidé pour répondre à votre interpellation. Vous me demandez « sur quoi je me fonde pour » déclarer à la classe pensante et raisonnante » qu'elle doit propager l'instruction dans les » masses populaires. » Facile est la réponse. Je n'ai à me fonder sur rien, car je n'ai rien à déclarer à la classe pensante et raisonnante. C'est un soin dont se charge la nécessité, et elle y suffit. Qui se charge de déclarer aux propriétaires de maisons et d'usines qu'ils doivent assurer leurs usines et leurs maisons ? — Le risque d'incendie. Qui se charge de déclarer aux armateurs qu'ils doivent assurer leurs navires ? — Le risque de naufrage. Qui se charge de déclarer aux mères et pères, moins riches que prévoyants, qu'ils doivent verser une annuité, s'ils désirent, à leur mort, laisser à leurs enfants un capital disponible qui permette d'achever leur éducation, de les libérer du service militaire ou de leur constituer une dot ? — Le risque de mortalité. Qui se charge de déclarer aux habitants d'un pays où les animaux malfaisants sont en grand nombre, qu'il y a des mesures de sûreté qu'ils doivent prendre ?— Le risque même résultant de ce voisinage. Eh bien ! la classe pensante et raisonnante propagera l'instruction dans les classes populaires pour se préserver du risque que lui ferait courir leur ignorance. La barbarie est un risque, et la civilisation ne serait pas la civilisation, si elle ne s'appliquait pas à le diminuer et à le faire disparaitre. Mais, dites-vous, en parlant de la classe pensante, est-ce que son monopole de domination ne s'appauvrira pas en s'étendant ? O apôtre de la raison de Dieu, voilà donc les arguments par lesquels se trahissent vos préoccupations ! Que m'importe à moi l'affaiblissement ou la perte de ce monopole ? Comment se maintient-il ? Est-ce par la force constituée ou est-ce par la raison démontrée ? Si c'est par la force, la force lui étant retirée, il tombera de lui-même ; si c'est par la raison, la raison le soutenant qu'aura-t-il à redouter du raisonnement ? Vous me demandez « comment ces individus éclairés, savants, raison- » nant à leur point de vue particulier, s'accorde- » ront pour réaliser le bien général qui dominera

» leur bien individuel, s'il n'y a pas une loi mo-
» rale qui les oblige envers les hommes moins éclai-
» rés qu'eux ? » Je vous réponds : ces individus s'y prendront comme s'y prennent tous les savants qui, visant, soit à la renommée, soit à la fortune, n'y parviennent qu'en dotant leur patrie et leur siècle d'un progrès ayant pour effet d'en accroître la puissance ou la richesse. Est-ce sous la pression d'une loi morale, et n'est-ce pas plutôt sous la pression de la loi même de son organisation intellectuelle que l'inventeur, ce possédé de l'idée, consume sa santé en veilles, et ruine sa famille en essais? Le bien général et le bien individuel sont-ils donc nécessairement ennemis? Proclamer cet antagonisme, c'est commettre une erreur grossière contre laquelle proteste la nomenclature de tous les progrès accomplis, erreur aussi grossière que celle qui consisterait à prétendre qu'il y a incompatibilité d'existence entre le tout et les parties qui le composent. La loi de toute découverte utile, de tout perfectionnement éprouvé, c'est d'être d'autant plus profitable à son auteur que ce perfectionnement ou cette

découverte seront avantageux à un plus grand nombre. Tout producteur a intérêt à l'augmentation de la masse des consommateurs; tout écrivain a intérêt à la multiplication du chiffre de ses lecteurs. Cela est élémentaire.

Troisième interpellation : « Pour que M. de Girardin fût fondé à nier que la raison de Dieu existe au-dessus des sociétés humaines et puisse être réalisée dans les sociétés, il faudrait qu'il niât cette *loi universelle de causalité* qui fait qu'une cause produit son effet, c'est-à-dire l'effet qui lui est propre et non pas un autre... Sans la loi de causalité, que serions-nous? Comment l'individu raisonnerait-il? »

Non-seulement je ne nie pas la loi universelle de causalité, mais c'est la seule loi que j'admette, et elle me suffit pour que tous les progrès de la civilisation s'accomplissent sans révolutions, sans obstacles, sans retards, sans lacunes. Qu'est-ce que la civilisation? C'est la maturité de la raison humaine, c'est la raison de l'homme appliquée, c'est sa légitimité reconnue, c'est sa souveraineté exercée.

Qu'est-ce que je demande? Je demande positivement que la cause produise son effet, c'est-à-dire l'effet qui lui est propre, et non pas un autre: en d'autres termes, je demande que la civilisation progressive étant à la raison humaine ce que l'effet est à la cause, la force matérielle n'intervienne jamais où doit régner exclusivement la force intellectuelle, parce que cette intervention ne saurait avoir lieu sans fausser tous les rapports naturels et sans sacrifier l'ordre intellectuel au rétablissement de ce que des peuples et des siècles ont appelé l'ordre matériel, et qui est l'ordre comme la paralysie est le repos. J'admets la raison de Dieu existant au-dessus des hommes se mouvant de l'erreur à la vérité, dans l'orbite de leur raison au même titre que j'admets la raison de Dieu existant au-dessus des planètes, décrivant la loi de leur courbe d'occident en orient. S'il y a un Dieu qui existe au-dessus des planètes, il y a un Dieu qui existe au-dessus des hommes; mais, encore une fois, quel besoin y a-t-il donc de mêler Dieu à nos sociétés qui ne marchent si mal et ne tombent si souvent que parce qu'elles s'écartent de l'humanité et perdent le centre de gravité? Le centre de gravité dans l'ordre intellectuel, n'est-ce pas, en effet, la raison démontrée par le raisonnement? Dieu, soyez-en certain, ne s'occupe pas plus des sociétés mal organisées qui tombent que des voitures mal chargées qui versent ou que des édifices mal construits qui s'écroulent. Les sociétés ne sont que des accidents.

La preuve que les sociétés ne sont que des accidents dus au choc de la force matérielle contre la force intellectuelle, c'est qu'en matière de circulation, de correspondance, d'échanges, de navigation, de chemins de fer, de télégraphie électrique, où notamment deux forces parallèles suivent, sans s'en écarter, la ligne droite de leur parallélisme, les sociétés s'effacent pour laisser passer la civilisation.

C'est, il est vrai, ce que vous ne sauriez admettre, car vous placez, en ces termes, les sociétés au-dessus de l'humanité :

« Non, nous ne confondons pas l'humanité et les sociétés : nous faisons entre elles une grande distinction.

Cette distinction, c'est que, dans son existence physique, dans sa nature animale, l'homme est sujet des lois physiques, tandis que, dans sa vie morale, intellectuelle et sociale, il est libre, complètement libre de se soumettre aux lois morales et sociales ou de ne pas se soumettre à ces lois. Et c'est parce que les sociétés s'approchent ou s'éloignent de cette soumission qu'elles sont variables dans leurs formes et dans leurs développements, quoique toutes subissent les conséquences logiques de la violation de ces lois. »

Votre distinction est précisément ce qui constitue votre erreur. Il est faux, complètement faux, évidemment faux, que l'homme ait dans l'ordre intellectuel une liberté qu'il n'a pas dans « son existence physique, dans sa nature ani- » male. » Telles sont vos expressions. L'homme se développe intellectuellement comme il se développe corporellement, par la même loi : liberté de ses mouvements et exercice de ses forces. Si on l'empêche de se développer intellectuellement, c'est-à-dire si on le tient toute sa vie emmaillotté dans des lois et en puissance d'autorité, qu'arrive-t-il ? Il arrive ce qui arriverait à un homme qu'on empêcherait de se développer corporellement, en le tenant toute sa vie emmaillotté dans des langes et en puissance de nourrice. Cet homme n'aurait qu'une pensée, s'il en conservait une, ce serait de se soustraire à un tel supplice. Il faut que l'homme se meuve intellectuellement comme il faut qu'il se meuve corporellement. Se mouvoir corporellement et se mouvoir intellectuellement, telle est sa double loi, l'une aussi impérieuse que l'autre. Laissez l'homme se mouvoir intellectuellement avec la même liberté ni plus ni moins grande qu'il se meut corporellement, et il ne poussera pas, le voulût-il, l'abus de la liberté intellectuelle plus loin que l'abus de la liberté corporelle. L'esprit, comme le corps, a des limites qu'ils ne peuvent ni l'un ni l'autre dépasser. L'homme a la liberté de se crever les yeux avec ses doigts, se les crève-t-il? Homme, qui êtes-vous donc pour vous défier de la raison de votre semblable? Sur quel motif se fonde cette défiance et quel est le titre qui la légitime? S'il prétend que sa raison est supérieure à la vôtre et qu'il essaye de le démontrer, qui sera juge entre vous deux? S'il en sait moins que vous, qu'avez-vous à faire? Vous avez à prouver que vous en savez plus que lui. Là est votre droit, tout votre droit, mais il s'arrête là, car il s'épuise en s'exerçant. L'homme qui s'écarte de la raison démontrée par le raisonnement fait ce que fait le voyageur qui s'écarte de la route tracée menant directement au but. Il se met dans la nécessité de revenir sur ses pas : c'est ainsi qu'il apprend à se diriger. L'expérience, ce contrôle inséparable de la raison humaine, est un précepteur dont les leçons valent mieux et coûtent moins que toutes les lois contradictoires de tous les législateurs successifs. Un jour on reconnaîtra que les sociétés n'ont jamais été que des déviations de l'humanité, causées par les empêchements mis au libre cours de la force intellectuelle par la force matérielle. Ce qui le prouve, c'est que tout progrès accompli par la civilisation est un retour effectué vers l'humanité par le chemin de l'unité.

VI.

Si avant d'arriver aux notions communes et populaires de la vertu et du vice, ils (les anciens moralistes) se fussent livrés à des recherches un peu plus approfondies sur les *racines du bien et du mal*, ils auraient, selon moi, donné de grandes lumières à leurs successeurs ; et surtout s'ils eussent consulté la nature, leurs doctrines auraient été moins prolixes et moins obscures.

BACON. *Dign. and. adv. of learn.* liv. 2.

Chaque homme appelle bon ce qui lui plaît, et mauvais ce qui lui déplaît.

HOBBES. *De nat. hum.*

Soit ; vous avez raison d'affirmer ce que je nie, et j'ai tort de nier ce que vous affirmez :

« L'homme est doué de la faculté de voir les *vérités éternelles*.

« En dehors de l'homme et au-dessus de lui il y a des *lois nécessaires* qu'il ne peut changer.

« Il est temps que les hommes se réunissent dans la *raison universelle*. »

Oui, il est temps que les hommes qui veulent sincèrement l'amélioration de l'état social se réunissent dans la *raison universelle ;* montrez-moi donc ces *vérités éternelles* que vous avez la faculté de voir, heureux homme ! et que je ne vois pas ; ces *lois nécessaires* qui sont au-dessus de vous et au-dessus de moi et que nous ne pouvons point changer.

Quelles sont-elles ?

Que prescrivent-elles ?

Que réprouvent-elles ?

Où est leur sanction ?

C'est ce que vous omettez toujours de me faire connaître.

Qui le sait, cependant, est impardonnable de ne pas le dire.

Croyez-moi, ne laissez pas plus longtemps sans réfutation victorieuse cette dangereuse objection de Locke demeurée sans réplique :

« Si ces règles du monde étaient innées et empreintes naturellement dans l'âme des hommes, je ne saurais comprendre comment ils pourraient venir à les violer tranquillement et avec une entière confiance. Considérez une ville prise d'assaut, et voyez s'il paraît dans le cœur des soldats, animés au carnage et au butin, quelque égard pour la vertu, quelque principe de morale et quelque remords de conscience pour toutes les injustices qu'ils commettent. Rien moins que cela. Le brigandage, la violence et le meurtre ne sont que des jeux pour des gens mis en liberté de commettre ces crimes sans être censurés ni punis. Et, en effet, n'y a-t-il pas eu des nations entières, et même des plus polies, qui ont cru qu'il leur était aussi bien permis d'exposer leurs enfants pour les laisser mourir de faim, ou dévorer par les bêtes farouches, que de les mettre au monde? Il y a encore aujourd'hui des pays où l'on ensevelit les enfants tout vifs avec leurs mères, s'il arrive qu'elles meurent dans leurs couches; ou bien on les tue si un astrologue assure qu'ils sont nés sous une mauvaise étoile. Dans d'autres lieux, un enfant tue ou expose son père et sa mère, sans aucun remords, lorsqu'ils sont parvenus à un certain âge. « ... Etc., etc. » Où est ce consentement universel qui nous montre qu'il y a de tels principes gravés naturellement dans nos âmes? Lorsque la mode avait rendu les duels honorables, on commettait des meurtres sans aucun remords de conscience, et encore aujourd'hui c'est un grand déshonneur, en certains lieux, que d'être innocent sur cet article. Enfin, si nous jetons les yeux hors de chez nous pour voir ce qui se passe dans le reste du monde et considérer les hommes tels qu'ils sont effectivement, nous trouvons qu'en un lieu ils se font scrupule de faire ou de négliger certaines choses, pendant qu'ailleurs d'autres croient mériter récompense en s'abstenant des mêmes choses que ceux-là font par un motif de conscience ou en faisant ce que les premiers n'osent faire. "

Objection admise et confirmée en ces termes par Leibnitz :

« La science morale n'est pas autrement innée que l'arithmétique, car elle dépend aussi des démonstrations que la lumière interne fournit. "

Dans tous les États civilisés, il est de consentement universel, je le reconnais, de condamner le meurtre et le vol ; mais pourquoi, dans les mêmes États civilisés, n'est-il pas pareillement de consentement universel de condamner la guerre et la conquête ?

Est-ce que la guerre n'est pas le meurtre ?

Est-ce que la conquête n'est pas le vol ?

Il est vrai que M. de Maistre, loin de flétrir la guerre, l'érige en *droit* et l'exalte en ces termes enthousiastes :

« Expliquez pourquoi ce qu'il y a de *plus honorable dans le monde*, au jugement de tout le genre humain, est le *droit* de verser le sang innocent ! »

Comment expliquez-vous que le *droit* de verser le sang innocent soit ce qu'il y a de plus honorable au monde, et que ce qui est un crime relevant du bourreau lorsqu'il s'agit de la mort d'un enfant tué, en naissant, par la mère dans l'égarement d'un faux point d'honneur, cesse d'être un crime punissable lorsqu'il s'agit de la mort d'hommes soutiens de leurs familles, élite des populations, tués dans toute la vigueur de l'âge, par centaines de mille ?

Vous qui vous êtes érigé en défenseur des nationalités menacées ou opprimées, comment en expliquez-vous la formation sans guerres et sans conquêtes ? Comment en expliquez-vous la délivrance sans guerres ou sans révolutions ?

Si l'extermination des peuples par la guerre est en opposition avec ces *vérités éternelles*, avec ces *lois nécessaires en dehors de l'homme et au-dessus de lui*, enfin avec cette *raison universelle* que vous proclamez, comment expliquez-vous qu'on puisse mettre jamais fin à cette extermination consacrée par les siècles, glorifiée par l'histoire, autrement que par la formation d'une assurance successivement contractée entre toutes les nations civilisées contre ce risque de barbarie ?

Vous qui raillez l'idée d'assurance appliquée au risque de guerre, quel autre moyen proposez-vous de le rendre de moins en moins probable, de moins en moins désastreux ?

Proposez-vous que la nation se soulève contre le souverain qui, frappé de vertige, ivre de despotisme, ou las de désœuvrement, ne sachant qu'imaginer pour se distraire, enlève le fils à la mère, fait couler à flots le sang le plus pur, plonge les familles dans le deuil, arrête le travail, paralyse le commerce, suspend le crédit, épuise l'emprunt, tarit l'impôt, ruine l'Etat, ébranle le Monde sous les pas d'armées contraintes de se massacrer sans haine et raison ? Cette monstruosité n'est-elle pas celle que commet sans scrupules et sans remords Nicolas Ier, empereur par la grâce de Dieu et souverain pontife ? Quel moyen la nation russe a-t-elle de s'y opposer, particulièrement s'il est vrai qu'elle soit divisée en deux parties : partie haute, qui blâme la conduite de l'autocrate, et partie basse, qui l'approuve ? Des deux parties ainsi divisées, laquelle a raison, laquelle a tort, et où est le juge pour prononcer entre elles, au nom de ces *lois nécessaires* et de ces *vérités éternelles* que vous avez la prétention d'ériger en garanties efficaces ? Quel rôle joue, dans ce cas, la raison de Dieu, *objet* de la vue intellectuelle de l'homme ? Votre *objectif*, la raison de Dieu, ne s'appliquerait-il donc qu'aux crimes vulgaires des vulgaires malfaiteurs ? Or, la conscience humaine n'existerait pas, que la civilisation progressive suffirait pour rendre de plus en plus difficiles, de plus en plus rares, le meurtre, le rapt, le viol, le vol, tous risques enfin de barbarie, ainsi qu'elle a déjà réussi à les rendre de moins en moins fréquents dans les pays où elle a perfectionné les voies de communication et de transport, et introduit les meilleurs moyens d'administration municipale.

Je reconnais que, croyant fermement à l'existence d'idées innées et de vérités sociales-éternelles, vous seriez inconséquent avec vous-même si vous admettiez l'assimilation du mal *moral* au mal *physique*, et la substitution de la *publicité* qui constate le fait à la *pénalité* qui le qualifie crime, délit, contravention ; aussi me paraît-il tout simple que vous taxiez de « dangereuse chimère » ce qui, au jour certain de l'application, est appelé à devenir une vérité féconde.

Vous dites :

« Il faut pourtant en finir, une fois pour toutes, avec cette idée qui obsède l'intelligence d'un écrivain et rassure sa conscience dans la négation de tout ce qui est nécessaire à la vie de l'humanité.

» Il faut supposer dans M. de Girardin une sorte d'éblouissement, une distraction singulière, pour s'expliquer comment un homme d'esprit peut soutenir aussi sérieusement cette *dangereuse chimère*.

» Pour que l'assurance contre les risques sociaux

pût remplacer la Justice, la Morale et la Conscience, il faudrait que chaque assurance fît cesser les maux contre lesquels elle est instituée.

„ Est-ce que l'assurance sur la vie fait cesser la mort ? est-ce que l'assurance contre la grêle empêche la grêle de tomber ? est-ce que l'assurance contre les risques de mer empêche les naufrages ? est-ce que l'assurance contre l'incendie empêche les sinistres d'éclater ?

„ On ne peut donc raisonnablement croire que si on avait supprimé la religion, la justice, la morale, pour convertir toutes les institutions sociales en une assurance universelle, le meurtre, le viol, le vol, la fraude, cesseraient d'affliger l'humanité.

„ A moins que M. de Girardin ne nous prouve que les assurances empêchent les sinistres, il ne peut plus nous parler de son système favori. Ce système est si peu raisonnable, que son inventeur a été forcé de lui donner pour corollaire une autre idée qui n'a rien de commun avec la première, et qui appartient à un ordre de faits tout différent.

„ C'est l'idée de réciprocité. Mais si la réciprocité empêche les hommes de commettre des crimes, il n'y a plus de risques de crimes, il ne faut plus d'assurances par conséquent.

« C'est donc l'idée de réciprocité qu'il faut examiner pour savoir si on peut se passer de Dieu, de la morale, de la justice. Nous avons opposé à la prétention de M. de Girardin une objection qui ruinait sa théorie de fond en comble. Nous lui avons dit : D'après votre doctrine érigée par vous en droit absolu, l'homme qu'on a voulu assassiner doit assassiner, celui qu'on a volé est tenu de voler, etc. »

Selon vous, pour que l'assurance contre les risques sociaux pût remplacer la Justice, la Morale, la Conscience, il faudrait que chaque assurance fît cesser les maux contre lesquels elle est instituée. Mais est-ce que la Conscience, la Morale et la Justice qui règnent et gouvernent dispensent de gendarmes, de geôliers et de bourreaux ? Est-il bien certain que, s'il n'y avait ni tribunaux, ni prisons, ni échafauds, il y eût un plus grand nombre de meurtriers et de voleurs ? Qu'est-ce qui le prouve ? Si vous comptez sur l'intimidation pour contenir, vous ne comptez donc pas alors sur la conscience pour retenir ? Si c'est la pénalité qui contient, alors ce n'est donc pas la moralité qui retient ? Y a-t-il, contrairement au proverbe, beaucoup de loups qui se mangent entre eux, quoiqu'ils n'aient pour les empêcher ni code, ni tribunaux, ni gendarmes, ni geôliers, ni bourreaux? Pourquoi donc les hommes seraient-ils plus féroces entre eux que les loups? Pourquoi les êtres doués de raison descendraient-ils au-dessous des êtres privés de raison?

Non, sans doute, l'assurance sur la vie ne fait pas cesser la mort, mais elle peut la retarder en diminuant le nombre des perplexités qui abrégent l'existence; en tous cas, elle atteint l'objet qu'elle se propose, qui est de former, au profit des survivants désignés, un capital disponible; non, sans doute, l'assurance contre la grêle n'empêche pas la grêle de tomber, mais elle préserve le propriétaire de la perte qu'il en eût éprouvée; non, sans doute, l'assurance contre les risques de mer n'empêche pas les naufrages, mais elle garantit l'armateur contre la ruine; non, sans doute, l'assurance contre l'incendie n'empêche pas les maisons de brûler, mais le montant de la valeur en est remboursé à l'assuré, ce qui ne dispense pas d'ailleurs d'entretenir des pompes contre l'incendie, de perfectionner la construction des navires, de chercher à détourner la grêle comme on a réussi à soutirer la foudre, et de placer l'homme dans toutes les conditions de salubrité ayant pour objet et pour effet d'accroître la durée moyenne de la vie, conséquemment les chances de longévité.

On fait ce qu'il faut faire, ou à peu près, pour arrêter les meurtriers et les voleurs après le meurtre et le vol; mais fait-on tout ce qu'il faut faire pour étouffer dans son germe le meurtre, le viol, le vol, la fraude? Là est la question. Or, je réponds sans hésiter: Non, cent fois non, mille fois non. On s'attache à l'effet, mais de l'effet on ne remonte pas à la cause pour la sonder et l'étudier. Telle est ma conviction profonde, à laquelle il ne manque, pour s'élever à la hauteur d'une vérité démontrée, que l'épreuve de l'expérience. Un jour ou l'autre, et sinon en France ailleurs, cette épreuve se fera, et alors qu'elle aura pleinement réussi, on ne croira pas plus à la nécessité des prisons et des échafauds, qu'on ne croit aujourd'hui à la nécessité des donjons qui émaillèrent toute l'Europe, et sans lesquels la féodalité n'imaginait pas qu'une société pût subsister.

Entre le mal moral tel que je l'assimile au mal physique et la réciprocité telle que je la conçois, servant de règle unique à tous les rapports sociaux, à toutes les actions individuelles, est-il vrai qu'il y ait contradiction? C'est ce que je nie formellement; ce sont deux idées qui, loin de se contredire, se complètent et sont l'une à l'autre ce que sont entre elles les deux extrémités du levier, ce que sont entre eux les deux pôles de la terre.

Dès que je pose en axiome qu'il n'existe absolument que des risques contre lesquels l'homme, obéissant à la loi de conservation qui est en lui et commandant à la matière, doit chercher à s'assurer par tous les moyens dont il dispose, qu'ai-je à faire? J'ai, pour être conséquent, à m'occuper sans relâche de diminuer autant que possible le nombre et la gravité des risques existants; or, parmi ces risques sont les faits qualifiés, par le code pénal, crimes et délits.

Je diminue ces risques de deux façons.

Premièrement, en apprenant avec soin à l'enfant, dès qu'il discerne, à vérifier par lui-même la stricte exactitude de la règle de réciprocité appliquée à toutes ses actions. Direz-vous qu'il y a *moralement* des aveugles de naissance comme il en existe *physiquement?* Prenez garde, car si vous me faisiez cette objection, je vous répondrais par cette interpellation : Est-ce que la loi pénale punit les aveugles de leur aveuglement, les sourds de leur surdité, les muets de leur mutisme, les difformes de leurs difformités ? Non ; eh bien ! si les difformités morales sont des imperfections de nature au même titre que les difformités physiques, sur quoi vous fondez-vous pour en rendre responsables ceux qui en souffrent ? Grave question que je me borne à indiquer sans vouloir m'y appesantir.

Deuxièmement, en plaçant l'homme dans le milieu le plus favorable à la pleine maturité de sa raison et à la légitime satisfaction de ses besoins. Si, pour votre déjeuner, ô mon contradicteur, on vous apportait un rat, vous le repousseriez certainement avec dégoût, avec horreur ! Cependant telle est la pression exercée par le besoin, qu'il arriverait un jour où vous surmonteriez ce dégoût et cette horreur, si, par exemple, bloqué dans une place assiégée, il vous était absolument impossible de vous procurer d'autre nourriture. Le même sentiment impérieux de conservation imposerait silence à tout ce qui commencerait par se révolter en vous à l'idée de vous nourrir de chair humaine; mais vous finiriez par manger bel et bien l'un de vos semblables s'il ne vous restait plus, comme sur le radeau de la *Méduse*, que ce moyen extrême de ne point mourir de faim. Qu'est-ce que cela prouve?.. Cela prouve que la pression des circonstances est un de ces éléments dont les lois factices peuvent faire bon marché, mais dont ne sauraient se dispenser de tenir compte les lois naturelles, sans se nier elles-mêmes.

Ce qui est la condamnation par l'expérience, juge suprême, des fabricants de lois positives, qui, de tous temps et en tous pays, se sont abusivement attribué les fonctions et décerné le titre de législateurs, est précisément ce qui constitue, relativement à eux, la supériorité de l'observateur des lois naturelles, qui, dans tout effet, reconnaît une cause et s'applique à la découvrir. Beccaria, écrivant en 1764, s'est arrêté à mi-chemin ; il ne s'est élevé que contre l'exagération des peines, il ne s'est point élevé contre leur inefficacité. Il reste à accomplir sa tâche ; il reste à acquérir la même célébrité et la même autorité en disant contre l'inefficacité des peines, et avec plus de raison encore, tout ce qu'il a dit contre leur exagération. Les supplices et la torture dont Beccaria, en opposition avec Leibnitz et Diderot, a flétri l'atrocité étaient logiques ; ce qui est inconséquent, c'est le régime actuel : ou il ne fallait point adoucir les peines, ou il faudra les abolir. Qui ne voit point que le régime pénal actuel n'a plus de base et s'écroule, n'a pas d'yeux.

Si la pression des circonstances, si l'imperfection des choses, si l'imprévoyance des hommes, peuvent être telles qu'elles vous conduisent, vous Français et chrétien, pour ne point mourir de faim, à vous nourrir d'animaux répugnants, malsains, et enfin de chair humaine, cette pression ne saurait-elle, sinon justifier, du moins expliquer des crimes et des délits dont on ne tarit pas plus les causes en se bornant à guillotiner ou à emprisonner les auteurs, qu'on n'empêche les racines d'un arbre de s'étendre en élaguant ses branches? Mais qui songe à constater cette pression et à la mesurer?

Je pourrais citer ici les lettres d'un fabricant de Paris, qui me rend compte de l'influence exercée sur l'esprit et les habitudes de ses ouvriers par la pensée que les annuités qu'il verse pour eux dans une caisse commune profiteront aux survivants. Peu de temps après l'établissement de cette caisse commune, il n'y avait plus dans ses ateliers un seul ouvrier qui s'enivrât. C'était à qui s'appliquerait entre eux à se survivre, conséquemment à qui s'abstiendrait de tout excès de nature à abréger son existence.

Si tel est l'empire que peuvent exercer sur les mœurs certaines institutions, comment ne s'applique-t-on pas à les multiplier, à les compléter, à les coordonner? Il y a là à exploiter, pour l'ingénieur social, tout un filon d'une immense puissance, tandis qu'on passe dessus et à côté sans y prendre plus de garde qu'autrefois aux affleurements de la houille, cette poudre à canon de la paix appelée à reléguer dans le passé et sous ses débris la poudre à canon de la guerre.

Trouvez-vous cette réponse suffisamment catégorique et persistez-vous encore à m'objecter que, si la réciprocité empêche les hommes de commettre des crimes, l'absence de risques rend l'assurance superflue?

A mon tour, vous renvoyant l'objection, je vous demanderai : Pourquoi, croyant ce que vous croyez, anticiper sur la justice de Dieu? Pourquoi des gendarmes, des geôliers, des bourreaux? Ne suffit-il pas de croire au paradis, au purgatoire, à l'enfer? Des peines et des récompenses si grandes ne sont-elles pas suffisantes?

Si vous me répondez que deux digues valent mieux qu'une seule, la réponse qui vous servira contre moi me servira contre vous.

Faut-il donc que je revienne encore sur cette

objection vulgaire que j'ai déjà réfutée, et qui consiste à dire : L'homme qu'on a voulu assassiner doit assassiner: celui qu'on a volé est tenu de voler?

D'abord, si l'idée, la tentation d'assassiner ou de voler ne viennent plus à l'esprit de l'homme civilisé pas plus que ne lui viennent l'idée, la tentation de manger son semblable, l'objection tombe d'elle-même ; mais je suppose que l'on continue à faire ce qu'on fait sous le régime des *vérités éternelles*, des *lois nécessaires* et de la *raison universelle*, je suppose que l'on continue à voler et à tenter d'assassiner, dans ce cas, à quoi obligerait le régime de réciprocité et de publicité tel que je l'ai exposé?

Le régime de réciprocité n'a rien de commun avec la peine du talion, que cependant Montesquieu range au nombre des rapports d'équité antérieurs à la loi positive qui les établit. La peine du talion dérive de l'état de barbarie, tandis que le régime de réciprocité dérive de l'état de civilisation. Dans l'état de barbarie, j'oppose la force qui se défend à la force qui attaque ; je frappe qui me frappe. Dans l'état de civilisation, j'oppose la raison conséquente à la raison inconséquente ; je ne vole point qui m'a volé, car, au lieu de condamner le voleur, ce serait l'absoudre par l'imitation. Ce qui le condamne, au contraire, c'est la probité, donnant le droit de prétendre, de la part de tous, à une probité égale. Dans l'état de barbarie, l'avantage reste au plus fort ; dans l'état de civilisation, l'avantage reste au plus raisonnable. La supériorité de la raison, comme la supériorité de la force, a ses lois, qui lui sont propres. N'agissant jamais qu'en suivant la ligne tracée par la plus droite raison, je n'ai point à craindre que la mesure qui m'a servi serve plus tard contre moi. Dans cet ordre d'idées, le malfaiteur est considéré comme un être privé de discernement et d'éducation, et qui ne mérite pas qu'on lui applique la règle exclusivement à l'usage des êtres doués de toute leur raison. Il ne compte pas comme homme ; il compte comme compte la tuile qui tombe du toit, comme compte l'écueil qui est un danger pour le navire, comme compte la pierre qui risque de faire verser la voiture, comme compte le cheval qui s'emporte, comme compte le taureau qui s'irrite ; il compte enfin comme accident qu'il faut prévoir afin de le prévenir, non par de prétendues rigueurs salutaires, mais par des précautions véritablement tutélaires. Tout essai a ses risques; j'admets que le régime que je conçois ne soit pas tout de suite entièrement exempt de risques et de périls; en tout cas, l'essai en pourrait être tenté sans qu'il y eût à craindre qu'il fît couler autant de sang et entassât jamais autant de ruines que la guerre a entassé de ruines et fait couler de sang. Cependant, il ne semble pas que la guerre soit une monstruosité, puisqu'il n'est sorte d'honneurs qu'on ne prodigue à ceux dont elle est le métier.

Est-il besoin d'insister plus longuement sur la double idée de la réciprocité et de l'assurance se complétant l'une par l'autre? Je ne le crois pas; j'arrive donc à une dernière objection sur laquelle il m'importe de ne laisser planer aucune ombre.

Vous admettez ce que je n'admets pas, la séparation de la *puissance spirituelle* et de la *puissance temporelle;* mais vous n'admettez pas ce que j'admets, la séparation de la *force intellectuelle* et de la *force matérielle ;* vous dites :

« Dans les choses humaines, M. de Girardin ne voit que l'action de deux forces : la force matérielle et la force intellectuelle, et il les déclare toutes les deux *légitimes* au même titre. Ainsi, il ne veut pas que la force matérielle agisse contre la force intellectuelle, et il ne permet pas davantage que la force intellectuelle agisse contre la force matérielle. Comprenez-vous ce que l'humanité peut gagner à cette théorie? Quoi ? le plus faible, opprimé par le plus fort, peut légitimement se révolter, ce qui ne lui servira guère puisqu'il est le plus faible, et il ne doit pas chercher à employer la persuasion pour empêcher son oppresseur d'abuser de sa force matérielle ! »

Je vous réponds :

Ma distinction admise, il n'y a plus matériellement de faible ni de fort, d'opprimés ni d'oppresseurs : il n'y a plus que des hommes qui luttent intellectuellement pour le triomphe de leurs idées ou l'échange de leurs produits. Les armées deviennent inutiles, et la force publique, temporairement conservée comme transition, loin de menacer le faible, ne sert qu'à le protéger. Un souffle suffit donc pour renverser l'objection. Qu'en reste-t-il?

Pour masquer votre défaite, vous retrancherez-vous derrière cet argument qui consisterait à dire que le temps n'est pas arrivé où la force matérielle cédera complètement la place à la force intellectuelle? D'accord. Mais que proposez-vous pour vaincre la force matérielle? Vous proposez d'employer contre elle la persuasion! Où donc avez-vous vu que la persuasion l'ait jamais vaincue, soit dans le passé, soit dans le présent, soit en France, soit ailleurs? Où la force matérielle est omnipotente, est-ce que la force intellectuelle est libre? Vous repoussez la séparation que je propose entre elles ; donc, à moins de renoncer pour toujours à la liberté, vous n'admettez son règne, ô révolutionnaire sans le savoir, que par le sort des révolutions! Mais où les révolutions conduisent-elles? Nous l'avons vu : toujours elles conduisent à substituer une force matérielle à une autre force matérielle. C'est parce que l'expérience en a été tentée plus d'une fois et qu'elle a toujours échoué, que, plus que jamais, je déclare m'en rapporter uniquement à l'action lente, mais sûre de la civilisation. Or, qu'est-ce que la civilisation, sinon l'augmentation constamment graduelle de la force intellectuelle, et la diminution conséquemment successive de la force matérielle, jusqu'au jour immanquable de la disparition définitive de celle-ci par la loi d'absorption de tout principe inférieur aux prises avec le principe supérieur, de toute erreur aux prises avec la vérité ?

Hommes d'avenir, hommes de progrès, hommes de liberté, hommes de raisonnement, gardez-vous de vous laisser abuser par les conclusions fatales de mon contradicteur, ne soyez jamais que des hommes de discussion ; et si la discussion vous est interdite par la force matérielle, soyez des hommes de pensée, des hommes d'étude, des hommes de méditation ; mais ne tentez pas d'être des hommes d'insurrection, des hommes de conspiration, des hommes de révolution ? Le passé est là qui prouve que les barricades sont de détestables fondations, et que finalement la liberté a moins à attendre des baïonnettes qui se croisent que des baïonnettes qui se rouillent.

La liberté s'acquiert et ne se conquiert pas.

Croire que la liberté peut triompher par la force est une illusion qui n'a jamais eu de lendemain. La force, avant de vaincre, s'est plus d'une fois déguisée ; mais, victorieuse, pas une fois elle ne s'est démentie. Jamais elle n'est devenue la liberté ; toujours elle est restée la force.

C'est parce que l'histoire l'atteste, que j'insiste en toutes occasions et sous toutes les formes sur la nécessité d'adopter en principe, précurseur du fait, cette double séparation :

Séparation absolue de la force *intellectuelle* et de la force *matérielle* ;

Séparation absolue de la puissance *indivise* et de la puissance *individuelle*.

Là seulement sera le triomphe durable de la liberté effective et définitive !

Si vous voulez sincèrement la liberté, adoptez donc hautement cette double et fondamentale séparation.

ÉMILE DE GIRARDIN.

Deux avocats distingués du barreau de Paris, M. Thiercelin, docteur en droit et avocat à la cour de cassation, et M. Blot-Lequesne, avocat à la cour d'appel, étant intervenus dans le débat entre M. de Lourdoueix et moi, j'ai pensé qu'il convenait de ne point laisser leurs lettres sans réponse afin qu'aucun de nos modernes Ulpiens n'eût le prétexte de dire de ce débat, qu'il ne prouvait rien et ne pouvait rien conclure, ayant eu exclusivement lieu entre écrivains, et les écrivains étant incompétents en matière de Droit.

Ce sont ces lettres et mes réponses qui vont suivre.

A M. DE GIRARDIN.

I.

J'ai suivi avec une grande attention la discussion

polémique que vous avez engagée avec le rédacteur en chef de la *Gazette de France*, et ce n'est pas sans une certaine frayeur, je vous l'avouerai, que je vous ai vu arriver à poser les termes du plus formidable problème qu'ait à résoudre la raison humaine.

Qu'est-ce que le droit, en effet, dans son essence, dans son principe, dans l'acception la plus haute, la plus générale, la plus absolue du mot? C'est la question qui se présente incessamment à l'esprit du philosophe et de l'homme d'État, non pas toujours avec la précision des questions purement pratiques, mais avec ce vague qui augmente d'autant le sentiment indistinct que l'esprit conçoit de l'importance de toutes les questions fondamentales en toutes matières, et principalement dans celles où la nature sociable de l'homme est intéressée.

Je dis que la question que vous avez posée est fondamentale, et je pourrais ajouter, sans crainte d'être contredit, que c'est la seule question dont aurait à s'occuper l'homme d'État vraiment pénétré de sa mission. La loi, que les pouvoirs publics, quels qu'ils soient, formulent, maintiennent et font exécuter, peut-elle avoir un autre objet que d'assurer à l'homme le respect de son droit! N'est-elle pas accomplie quand l'ordre, c'est-à-dire la liberté pour tous, qu'il ne faut pas confondre avec le silence que la crainte fait quelquefois observer dans les rues, quand l'ordre, dis-je, règne dans l'État? Peut-on demander aux pouvoirs publics plus ou moins que la justice? Leur action ne devient-elle pas obligatoire dès que le droit est violé, et ne cesse-t-elle pas dès qu'il est satisfait? A toutes ces questions chacun a répondu à l'avance, et l'on reconnaîtra sans difficulté que la loi que le pouvoir public formule ne peut demeurer en deçà du droit sans qu'il y ait anarchie, et que, en sens inverse, le despotisme commence dès qu'elle va au-delà.

Que l'on examine les réclamations des sectes, des partis, des individus, de toutes les minorités, en un mot, et l'on trouvera que le seul objet avoué de ces réclamations est un droit méconnu. Elles n'imagineraient pas de demander plus ou moins. Elles peuvent dissimuler ou se tromper sans doute, mais l'erreur doit n'être pour rien comptée; et le mensonge, quand elles l'emploient, est un hommage éclatant, quoique indirect, qu'elles rendent au droit éternel.

Telle est la puissance du droit, que l'injustice elle-même, publique ou privée, se cache sous son enseigne, pour produire ses prétentions. Un peuple n'est jamais descendu à un état de dégradation assez profond pour en perdre complètement le sentiment et en oublier jusqu'au nom. On cherchera à en fausser l'idée, on mentira, mais on n'en anéantira jamais la conscience ; et les malheureux qui insultent au droit en feignant de n'y voir qu'un mot, sont assurément encore plus abjects qu'ignorants.

Tout cela peut prouver l'existence du droit, mais ne dit pas ce qu'il est. Vous dites : «Le droit, c'est la raison.» Votre définition est vraie, mais trop large. M. de Lourdoueix dit : «C'est la ligne la plus courte qui va de la raison de Dieu à la raison de l'homme.» Mon esprit se refuse à concevoir comment le droit, une faculté, peut être appelé, par métaphore, une ligne, et je m'imagine que l'honorable rédacteur de la *Gazette de France* serait fort embarrassé lui-même s'il lui fallait encadrer dans sa définition les droits dont il use quotidiennement, notamment la faculté d'écrire sur le droit.

Du reste, M. de Lourdoueix a bien pensé que sa définition exige un commentaire ; et M. Tiengou, avocat à la cour de Paris, s'est chargé d'exposer sur l'idée du droit le sentiment des juristes. C'est à l'article de M. Tiengou que je m'attacherai de préférence ; et j'éviterai deux écueils mortels en métaphysique, l'équivoque, si je puis, et la métaphore très certainement.

Qu'est-ce donc que la justice, cette règle éternelle des actions de l'homme en société ? Qu'est-ce que le droit ?

Le mot a plusieurs significations. Je suis obligé d'entrer ici dans des distinctions d'école, au moins étranges à l'endroit où paraîtra cette lettre ; mais l'exemple de M. Tiengou m'autorise à le faire, et la nécessité d'être clair m'y contraint. Le mot *droit* désigne d'abord un ensemble de préceptes, de commandements qui ont pour sanction nécessaire la *force*, et dans certains cas la *peine*. En ce sens, on dit : le *droit français*, le *droit anglais*, pour désigner l'ensemble des lois françaises ou anglaises.

En un autre sens, le droit est une faculté. Quand j'use du droit d'aller, de venir, d'imprimer, de m'approprier les objets vacants, ou de tout autre droit, j'use d'un droit que je tiens de ma nature, et j'use d'une faculté légale, si ce droit m'est garanti par une loi de mon pays.

Et c'est dans cette dernière acception que le droit doit s'entendre quand on pose cette question : Qu'est-ce que le droit ? Le droit, dans son sens absolu, c'est le droit individuel, ou bien le droit n'existe pas.

Je ne voudrais pas diffamer les juristes, mes collègues, mais combien en est-il qui distinguent le droit de la loi, et qui voient quelque chose au-delà du fait législatif? et cependant il s'en faut que la loi soit toujours juste. Il est des lois injustes, comme celle à laquelle Mirabeau jurait de n'obéir jamais, tout législateur qu'il était; et cette locution, *loi injuste*, qui est dans toutes les langues, dans tous les idiomes, renfermerait une contradiction, si la loi pouvait être arbitraire et n'avait un archétype dans cette règle dont j'entreprends de chercher la formule.

C'est maintenant que commencent les divergences. Pour Spinosa, le droit c'est la force; toutes les créatures, sans excepter l'homme, font licitement tout ce qu'elles peuvent faire. Cette philosophie du droit du plus fort est une pièce d'un système qui ne pourrait être exposé ici; elle soulève, d'ailleurs, trop profondément la conscience pour avoir besoin d'une réfutation.

Pour Hobbes et Bentham, le droit c'est l'intérêt. Mais qui oserait encore avouer cette doctrine sans l'expliquer, la corriger, et, pour parler plus exactement, sans la dénaturer? La morale de l'intérêt est réprouvée par la conscience au même titre que celle qui proclame la légitimité de toutes les forces; elle n'en est qu'une variété.

Pour Grotius, le droit est la faculté de faire tout

ce qui n'aurait pas pour résultat de rendre impossible l'état social. Mais où est la base d'une telle doctrine, et comment peut-on subordonner la société, qui n'est pour l'homme qu'un moyen d'arriver à sa fin, à la fin même de l'homme, c'est-à-dire à la pratique de la loi morale dont les préceptes sont écrits dans sa conscience?

Kant a plus approché de la vérité quand il a posé cette règle du droit : Agis de telle sorte que le libre usage de ta volonté puisse concorder avec la liberté de tous. Mais ici encore quelque chose laisse à désirer, car le précepte de Kant n'est, après tout, qu'un précepte; et il n'en donne pas le fondement.

Je pourrais parler encore du principe de Krause, qui est celui des docteurs du socialisme, bien qu'ignoré de la plupart d'entre eux. Selon Krause, l'homme a droit à tout ce qui lui est nécessaire pour l'accomplissement de sa destinée, et peut l'exiger de ses semblables. Pour juger cette doctrine, il suffit de faire remarquer qu'elle livre l'homme à l'homme. Or, chacun ne peut pas être ainsi instrument et sujet.

Mais si toutes ces doctrines sont fausses ou incomplètes, que sera le droit? Nous le définirons, quant à nous, d'une manière bien simple; nous dirons : C'est pour chacun la faculté de faire ce que le devoir prescrit.

Nul assurément ne contestera ce principe. Qui oserait nier le droit chez l'homme de faire ce que sa conscience lui commande? Qui pourrait, d'un autre côté, lui accorder une faculté plus étendue à l'encontre de ses semblables ? Et comment concevrait-on qu'il pût désirer légitimement plus qu'accomplir la loi du devoir, ou qu'il dût consentir à faire moins ? Si j'ai le droit de m'approprier les objets vacants nécessaires à mon existence, c'est que je dois vivre pour faire le bien ; si j'ai le droit de parler, d'écrire et d'imprimer, c'est que mon devoir est de dire haut ce que je sais être la vérité. On ne trouvera pas un droit véritable qui n'ait un devoir pour principe. Que si maintenant on demande où est le principe du devoir, je répondrai : dans la conscience de l'individu ; et voilà en quel sens j'ai dit, en commençant, que votre définition du droit était vraie, mais trop large.

On réclamera contre cette royauté de la raison ; mais on n'aura pas fait un grand pas quand on y aura substitué la raison de Dieu ; car qui peut connaître la raison de Dieu, sinon la raison de l'homme ? On revient au point de départ après un detour, et voilà tout.

Je me trouve conduit à faire une remarque sur une doctrine dont vous vous êtes constitué l'apôtre. Vous soutenez avec une persistance infatigable que la liberté est illimitée de sa nature ; que le pouvoir public, en la restreignant, va contre le but qu'il se propose ; qu'il fait mal, disons le mot, qu'il est injuste. Je ne puis souscrire à une telle doctrine. Qu'est-ce que la liberté, sinon le droit ? La synonymie est parfaite. Or, de même que le droit de tout faire ne serait plus le droit en principe, et, en fait, enfanterait le chaos ; de même aussi la liberté illimitée serait l'anéantissement de la liberté, car les libertés de tous étant égales, elles doivent être chacune limitées, ou elles s'entre-déchireront.

Je tirerai de ma définition du droit une autre conséquence : c'est que le pouvoir public, dans l'exercice de tout acte injuste (je ne dis pas seulement illégal), excède sa mission, et devient le justiciable de tout individu dans l'État. Le pouvoir attente à ma liberté, à mon droit : quel sera mon devoir, quel sera mon droit ? Recourir à l'insurrection ? Ce serait trop ; l'insurrection n'est jamais légitime. Résister légalement ? Ce ne serait pas assez ; car la loi peut être injuste, et une loi injuste ne m'oblige pas. Mon droit sera de résister juridiquement, c'est-à-dire de faire respecter en ma personne le droit tel qu'il m'apparaît, affirmé par ma raison. En dehors de cela, je ne connais plus ni droit, ni devoir, ni raison, ni rien de ce qui régit l'humanité, à son insu, je le veux bien ; je ne vois plus que le despotisme ou l'anarchie, qui n'est qu'un despotisme à mille têtes ; je ne vois plus que le chaos.

Ces idées ne peuvent pas être celles de MM. de Lourdoueix et Tiengou. L'école théocratique ne reconnaît pas le droit individuel, et les jurisconsultes romains, dont M. Tiengou veut ramener la doctrine à celle de l'école théocratique, n'en ont eu un sentiment vrai que dans l'application qu'ils en ont faite aux faits particuliers de la vie civile. Ce n'est donc pas dans la définition de Celse et d'Ulpien qu'il faut chercher l'idée du droit. Quand Celse dit que le droit est l'art du bien et du juste, *ars boni et æqui*, il ne dit rien ou il confond le droit avec la morale, qui est tout autre chose que le droit. Quand Ulpien définit la justice, la volonté ferme et durable de rendre à chacun le sien, *constans ac perpetua voluntas suum quique tribuendi*, il ne peut parler que de la qualité principale du magistrat ; il ne précise pas sa règle d'action, et, je le répète, autre chose est le droit, autre chose est la morale, et la difficulté, la grande, la seule difficulté, est de dire où ils se touchent et à quel point ils se séparent.

Cicéron a eu une sorte d'intuition du droit absolu, naturel, lorsque dans l'*Oratio pro Milone* il parle de cette loi *quam ex natura ipsa arripuimus*, mais ce n'est pas dans la partie du texte citée par M. Tiengou qu'il l'exprime; c'est avant et après; c'est lorsqu'il déduit le droit de défendre sa vie contre une agression injuste du devoir de la conserver. Et si Cicéron avait dû généraliser l'idée particulière qu'il présentait alors du droit, il n'eût pas pu définir le droit autrement que je l'ai fait.

Voilà, monsieur, quelques idées que je crois devoir vous communiquer. Faites de ma lettre l'usage qu'il vous plaira. Je n'ai voulu que préciser les termes d'un problème qui, bien compris, ferait cesser bien des malentendus.

. THIERCELIN,

Avocat à la cour de cassation.

RÉPONSE.

I.

> La mesure du droit, c'est l'utilité ; il varie selon les temps et les lieux.
> TACITE.

Loin de préciser les termes du problème sur lequel la société ne se tient en équilibre qu'à si grand'peine et au risque de tomber partout en ruines sous le choc de révolutions sans dénoûment, votre lettre les rejette dans le vague d'où je m'étais efforcé de les tirer.

Selon vous, « le *droit* est pour chacun la *fa-
» culté* de faire ce que le *devoir* prescrit. »

Mais, après cette définition, qui fait du *droit* une *faculté* et de cette *faculté* un *devoir*, définition qui paraît incontestable à son auteur, sait-on ce que prescrit le devoir ?

Suffit-il, pour en donner une idée exacte, de dire : « Il n'est pas un droit véritable qui n'ait
» un devoir pour principe, et le principe du de-

» voir est dans la *conscience* de l'individu ? »

De telles explications, j'en prends pour juges les témoins de ce débat, n'obscurcissent-elles pas la question plus qu'elles ne l'éclaircissent, et ne la font-elles pas reculer plutôt qu'avancer?

Ajouter le vague au vague, est-ce en sortir ?

Pour en sortir, il n'est qu'un moyen, c'est d'énumérer, sans omission, ce que prescrit le devoir et ce qu'il défend, afin que désormais chacun sache définitivement et exactement à quoi s'en tenir, afin que nul n'ignore plus ce qu'admet universellement et ce que réprouve éternellement la conscience.

Mais qu'est-ce que la conscience?

La conscience qui permet à l'empereur Nicolas, souverain pontife, au nom de griefs qu'il ne peut articuler, d'allumer la guerre en Europe, de répandre des flots de sang, d'entasser des montagnes de cadavres, de porter la désolation et la dévastation parmi des populations dont l'unique tort est d'être géographiquement placées entre la Russie et la Turquie, comme le fer forgé entre l'enclume et le marteau, d'ébranler partout le crédit, de suspendre partout les grands travaux, de ralentir partout le cours de l'activité humaine, de faire monter partout le flot de la misère des peuples, est-ce la conscience ?

La conscience qui absout emphatiquement ce qu'elle eût impitoyablement condamné, si ce qui a réussi eût échoué, est-ce la conscience ?

La conscience qui mettait le feu aux bûchers de l'inquisition, était-elle la conscience ?

La conscience qui ordonnait, en 1572, les massacres de la Saint-Barthélemy, en 1685 les dragonnades, était-elle la conscience ?

La conscience qui les justifiait par la voix de papes et d'évêques, était-elle la conscience ?

La conscience qui appliquait des supplices horribles, des peines terribles à des crimes et à des délits imaginaires, était-elle la conscience ?

J'abrége en bornant là mes questions.

Si la conscience est un tribunal sans appel, il faut le proclamer infaillible.

Si l'on admet qu'il puisse se tromper dans ses jugements, quel sera le tribunal supérieur qui les réformera ?

Conscience est donc un mot tout aussi vague que Devoir ; Devoir est un mot tout aussi vague que Droit ; Droit est un mot tout aussi vague que Raison.

Aussi n'ai-je point dit ce que vous me faites dire. Je n'ai point dit : le Droit, c'est la Raison. J'ai dit, ce qui est très différent : Raisonner est le Droit.

Le raisonnement ainsi érigé en droit inviolable, c'est la force matérielle destituée par la force intellectuelle, c'est le *droit du plus fort rationnellement, scientifiquement, industriellement,* succédant au *droit du plus fort corporellement, légalement, militairement.*

Le droit du plus fort, dans l'ordre intellectuel, scientifique, industriel, comme dans l'ordre corporel, légal, militaire, ne se définit pas ; il se démontre.

Se démontrant, il a sur les définitions contradictoires de Spinosa, de Hobbes et de Bentham, de Grotius, de Kant, de Krause et de la vôtre, tout l'avantage de la démonstration sur les définitions.

Etant la force, il n'a pas besoin de chercher de sanction hors lui-même.

Etant l'unité, il fait tomber toute vieille distinction entre le droit naturel et le droit positif, le droit tacite et le droit écrit, le droit nécessaire et le droit volontaire, le droit conventionnel et le droit coutumier, le droit entendu dans le sens de législation et le droit entendu dans le sens de jurisprudence, enfin entre « le droit qui
» est une faculté et le droit qui désigne un en-
» semble de préceptes, de commandements, ayant
» pour sanction la *force*, et, dans certains cas, la
» *peine*. »

Le droit qui n'est pas *un* n'existe pas.

Le droit naturel exclut le droit positif, et réciproquement. En effet, si le droit naturel est la vérité, le droit positif est l'erreur. Il faut donc opter entre l'un ou l'autre.

Il faut pareillement opter entre le droit du plus fort matériellement, et le droit du plus fort rationnellement. Où la force parle, la raison n'a qu'à se taire ; où la raison commande, la force n'a qu'à obéir.

Le droit qui a besoin de la *force*, et, dans certains cas, de la *peine*, pour sanction, porte un nom qui n'est pas le sien.

La force comme la raison, la raison comme la force, se sanctionnent par elles-mêmes et n'ont ni l'une ni l'autre besoin d'une sanction étrangère.

Est-ce que la sanction de la force est nécessaire à la science? La sanction de la science, c'est la science appliquée Et qu'est-ce que la raison, si ce n'est la science du raisonnement? La sanction de la raison, c'est la raison démontrée; le droit du plus fort rationnellement n'en a besoin d'aucune autre.

Maintenant, quelques mots d'explication sur une opinion que vous m'attribuez à tort, car elle n'est pas la mienne. Je n'ai jamais dit que la liberté fût « *illimitée de sa nature.* » J'ai dit expressément le contraire : j'ai dit que la liberté étant *naturellement limitée* ne devait pas l'être *légalement*. Je suis pour la liberté *naturellement* limitée contre la liberté *légalement* limitée. Toute liberté *légalement* limitée n'est plus la liberté, c'est la tolérance. On peut prétendre le contraire, mais le démontrer n'est point possible. La liberté est un axe, et, comme tout axe, elle a deux extrémités. Ces deux extrémités sont : Responsabilité et Réciprocité. Ce sont là ses limites naturelles, et qui prétend en imposer d'autres tombe dans des complications sans nombre et inextricables, dont nos lois sont autant de preuves irrécusables.

La liberté étant la substitution de la raison à la force, limiter légalement la liberté, c'est limiter arbitrairement la raison s'exerçant et se démontrant par le raisonnement ; c'est s'ériger en pape infaillible dans l'ordre intellectuel.

Si ce pape se trompe, si ce qu'il prétend blesser la raison, excéder la liberté, n'excède pas la liberté, ne blesse pas la raison, quel sera le recours de la raison contre la force, de la liberté contre l'autorité, de la vérité contre l'erreur, du droit individuel contre le fait législatif? Vous répondez : « Recourir à l'insurrection, ce se-
» rait trop ; résister légalement, ce ne serait pas
» assez ; mon droit sera de résister *juridique-*

» *ment*, c'est-à-dire de faire respecter en ma
» personne le droit tel qu'il m'apparaît, affirmé
» par ma raison. »

Je voudrais bien savoir en quoi résister *juridiquement* est plus que résister *légalement*, et comment, sous le régime de l'arbitraire, on résiste *juridiquement!*

Votre conclusion est la condamnation par vous-même de votre définition du Droit, définition que vous déclarez préférable à la mienne ; le droit qui n'aurait pour garantie que la résistance juridique serait un droit illusoire : ce serait un droit qui ne reposerait sur aucune base solide ; ce serait un droit que ne protégerait aucune garantie efficace ; ce serait un droit, enfin, qui n'aurait pas de sanction.

Or, le droit tel que je l'ai défini porte en lui-même sa sanction, c'est ce qui prouve qu'il est le Droit.

ÉMILE DE GIRARDIN.

II.

A l'annonce de la prochaine reproduction des articles que vous avez consacrés à l'examen de la question du *droit*, j'ai dû me rappeler que j'avais été mêlé à cette polémique; et en songeant qu'une nouvelle publication allait donner une vie nouvelle à vos critiques restées sans réponse, quoiqu'elles n'eussent en aucune manière ébranlé mes convictions, j'ai pensé que l'intérêt de la vérité me commandait de revenir sur certaines propositions mal comprises, sans doute parce qu'elles étaient mal formulées, comme aussi de repousser les attaques que les autres ne méritaient pas. Je n'ai pas la prétention de vous ramener en arrière sur le chemin que vous avez jonché de vos négations : la discussion éclaire ceux qui doivent la juger, jamais ceux qui s'y mêlent. Quand je me présentais presque en auxiliaire, j'ai été accueilli presque en ennemi. Je venais déjà trop tard signaler les changements qu'il convenait, selon moi, d'apporter à votre œuvre; votre siége était fait. Mais la vérité a des exigences plus impérieuses ; et comme, en définitive, ni vous ni moi n'écrivons pour nous-mêmes, c'est à vos lecteurs qu'il appartiendra de prononcer sur le différend, en faisant leur profit des enseignements qui pourront résulter de ces débats.

La communication que vous m'avez fait l'honneur d'accueillir dans votre journal n'avait, en dernière analyse, qu'un objet, donner une définition du droit. A l'encontre de l'école théocratique, qui ne reconnaît pas le droit, quoi qu'on en dise (car c'est le méconnaître que de n'en faire, comme les plus osés, qu'une abstraction) je disais que le droit se distinguait de la morale, bien qu'il eût là son principe, et qu'il avait nécessairement une sanction, la force toujours, la peine quelquefois. L'idée du droit, dans la doctrine que j'exposais, n'était pas une idée primordiale. Mais comme il me paraissait hors de toute contestation possible que l'homme pût demander à son semblable plus que la liberté d'accomplir sa loi, son devoir, ni qu'il lui fût loisible de renoncer à la pratique de la loi morale, je plaçais le principe du droit dans le devoir, et je le définissais la faculté d'agir selon les prescriptions que le devoir impose. Quoi de plus conforme à la raison ? Ne puis-je pas licitement repousser l'agression de l'homme qui menace mon existence, défendre le champ qui me nourrit, me redresser contre l'outrage qui tend à me déshonorer, et enseigner ce que je sais être la vérité? La raison, le sens commun a dit, de tout temps, que je le puis et que je le dois; et, en sens inverse, il condamne l'acte par lequel, en dehors de ces cas, je porterais la main sur mon semblable. Or, si je puis et si je dois rester libre pour faire le bien et défendre ma liberté dans cette limite, naturellement j'ai des droits dont le principe est dans la loi morale que je suis tenu d'accomplir.

Les idées du droit et du devoir sont si bien corrélatives dans le sens que je dis et non dans celui où elles sont communément entendues, que l'on ne peut errer sur l'une sans errer sur l'autre, et que, qui en nie une, doit les nier toutes les deux. Voyez l'école théocratique; elle nie le droit, mais elle nie aussi le devoir. La même autorité, placée au-dessus de l'homme, impose les devoirs et dispense les droits, et les proportions sont conservées. Vous vous montrez tout aussi conséquent, monsieur; et cette question que vous faites dans l'article que j'ai en vue : Qu'est-ce que la conscience? est empreinte d'autant de logique que de naïveté.

Voilà donc où vous en êtes venu, à nier le devoir,

la conscience et la raison! Si vous étiez dans la vérité, j'avoue que je ne me sentirais pas la force de réclamer pour le droit; mais la vérité vous échappe en dépit de vous-même. Vous demandez ce qu'est la conscience, et si l'on doit appeler de ce nom ce qui autorise l'emploi de la ruse et de la violence, absout les excès du fanatisme et justifie la lâcheté qui applaudit à tous les succès et maudit après toutes les défaites, je n'ai point à répondre, car, pour ignorer ce qu'est la conscience, vous dites trop bien ce qu'elle n'est pas. D'ailleurs, la diversité des sentiments dans l'appréciation des actes moraux ne saurait rien prouver contre l'autorité de la conscience et de la raison. Ma conscience ne peut m'être suspecte parce qu'il est des malheureux qui n'en ont pas : autant vaudrait nier la lumière par la raison que les aveugles n'y ont jamais ouvert les yeux. La vérité, grâce à Dieu, n'est pas à la merci d'un imposteur ou d'un fou. Qu'il se trompe ou mente à sa conscience, cela n'anéantit pas la mienne. Montaigne et Charron tiraient avantage au profit de leur scepticisme de la diversité des opinions et des croyances; mais, plus conséquents, ils ne substituaient pas le raisonnement à la conscience et à la raison.

N'opposez donc pas à la conscience de l'individu la

conscience d'autrui. Êtes-vous assuré seulement que telle opinion qui contredit la vôtre est bien réelle et non feinte? Depuis quand une vérité ne peut-elle être reconnue comme vérité qu'à la condition d'avoir pour elle l'assentiment de tous les hommes de tous les temps? Il est des philosophes qui, comme Vico, et Lamennais de nos jours, ont placé le *criterium* du vrai dans le sentiment commun; mais je n'en connais pas qui ne reconnaissent d'autre marque de la vérité que l'unanimité des sentiments. C'est cependant ce qu'il faudrait commencer par établir si la diversité des sentiments pouvait être un argument contre la conscience, et vous ne le ferez pas, monsieur; car si l'unanimité était nécessaire à la vérité, il est trop évident que le raisonnement que vous préconisez si haut, serait une arme inutile, supposant précisément la diversité des opinions.

Il y a, dans la doctrine dont vous ressuscitez le principe après Montaigne et Charron, un autre sophisme que je ne puis pas ne pas signaler. On se prévaut des contradictions qui éclatent d'homme à homme, plus que cela quelquefois, de peuple à peuple; on prend l'*espèce*, et, tirant un argument de la lutte des idées entre les individus qui la composent, on conclut à l'impossibilité d'arriver à la connaissance de la vérité.

Mais que peuvent prouver ces contradictions vis-à-vis de l'*individu* qui affirme, s'interroge, s'examine? L'espèce humaine, en tant qu'espèce, est condamnée à d'insolubles contradictions ; soit, la vérité n'existera pas pour elle, mais cela ne fait pas que l'individu, comme individu, soit dans l'impossibilité de jamais la connaître. Pour attaquer le droit, le devoir, la conscience, la raison, la vérité, enfin, sous toutes ses formes et sous tous ses noms, il fallait signaler ces contradictions, non pas entre la raison de tel ou tel homme, mais dans la raison de l'individu lui-même ; il fallait dire et prouver, comme Kant a cru le faire, que la raison de l'homme prise en elle-même se contredit inévitablement, et que tous les raisonnements renferment une inextricable antinomie. Je vous signale votre auteur, le philosophe qui a défendu le scepticisme avec une force inconnue jusqu'à lui ; mais vous comprendrez que je ne m'y arrête pas, n'ayant ni le goût ni la volonté de faire un traité à l'occasion de l'examen de la question du droit.

D'ailleurs, votre pensée ne va pas aussi loin peut-être ; bien plus, en substituant le raisonnement à toutes les définitions qu'on a tenté de donner du droit, vous exagérez la raison bien plutôt que vous ne la condamnez. Vous dites : « Raisonner, est le droit » ;

Mais en quel sens faut-il prendre une telle proposition? Voulez-vous dire que raisonner est *un* droit? Je répondrai que c'est un droit incontestable, comme celui d'aller, de venir, d'enseigner, de s'approprier les objets vacants, etc., et sur ce point il n'y aura jamais de difficulté. Voulez-vous dire que raisonner est tout le droit, de telle sorte que l'individu attaqué d'une manière quelconque ait épuisé tout son droit quand il a achevé son raisonnement? Je ne puis partager votre sentiment; et je m'imagine que vous-même n'y tiendriez plus beaucoup s'il vous arrivait de faire de nuit, ou à l'écart, quelqu'une de ces rencontres dans lesquelles la force physique ou l'adresse produit des effets plus décisifs que le raisonnement le plus concluant.

Ici encore vous vous récrierez, et je vous entends compléter votre système par le principe de la réciprocité. La réciprocité, pour moi, ne peut être que le talion, *oculum pro oculo, dentem pro dente*, comme dans la loi de Moïse, ou bien comme dans l'ancienne loi des Douze-Tables, *si membrum rupit meum è pacto, talio esto*. C'est le code pénal réduit à sa plus grande simplicité; mais aussi c'est l'enfance de la législation. Et je vous assure que, quand six cents ans après la loi des Douze-Tables, la jurisprudence romaine brilla de cet incomparable éclat que nous admirons encore, la loi du talion était parfaitement oubliée.

Si je voulais signaler toutes les contradictions dans lesquelles vous êtes inévitablement entraîné, je grossirais indéfiniment cette lettre ; je n'en prends plus qu'une qui me fournira l'occasion de revenir brièvement sur un point que vous contestez dans ma discussion. J'ai dit que « le droit a la force pour sanction, et la peine dans certains cas. » Vous répondez, que le droit qui a besoin de la force porte un nom qui n'est pas le sien. Comment l'appellerez-vous, alors? car, pour moi, il m'est impossible de comprendre comment mon droit sans sanction serait un droit, et comment la sanction envers celui qui le méconnaît pourrait être autre que la contrainte exercée par moi ou en mon nom. Est-ce que le propriétaire qui a été injustement dépouillé et que la justice réintègre dans sa propriété, n'use pas de son droit quand il fait exécuter son arrêt? Loin de cesser d'user de son droit, c'est à ce moment même qu'il l'exerce. Votre erreur, ici comme ailleurs, tient à ce que vous ne vous placez qu'à un point de vue particulier. La contrainte brutale, la force inintelligente vous répugne, je le comprends, et cela vous honore ; mais, si la force sans le droit n'est qu'un fait, ne prouvant rien, si ce n'est qu'elle est la force, ce qu'on ne conteste pas, veuillez aussi remarquer que le droit sans la force, c'est-à-dire sans la faculté de contraindre (car la force effective peut manquer sans que le droit cesse d'être), n'est plus rien qu'une abstraction, un sentiment, le sentiment que j'ai de l'injustice dont je suis victime.

Ainsi la force ne fait pas le droit, mais le droit qui ne pourrait s'exercer qu'avec la volonté de celui qui y résiste, ne saurait se comprendre, ne serait plus le droit.

C'est parce que la faculté de recourir à la force se rattache ainsi au droit que j'ai déduit de l'idée du droit que je présentais, la résistance juridique contre tout pouvoir public qui va contre sa mission et devient oppresseur. Admettez hypothétiquement ma définition, et la résistance dont je parle est plus qu'une conséquence, c'est un corollaire. Tous ceux qui ont étudié ces matières songeront aux grandes controverses du seizième siècle, dont les derniers échos retentissent dans les écrits de Bossuet et de Jurieu. De quoi s'agissait-il alors ? De déterminer les limites dans lesquelles peut s'exercer l'autorité souveraine, et de préciser les cas dans lesquels on peut lui résister ; c'était le procès de l'absolutisme et du droit. Or, je dis que tout acte de l'autorité contraire à mon droit, c'est-à-dire à l'obligation où je suis d'obéir aux inspirations vraies de ma conscience, rend ma résistance légitime, et c'est ce que j'appelle résister juridiquement.

C'est ce droit, aussi sacré que tous les autres, que vous compromettez, monsieur, en n'admettant que le raisonnement, c'est-à-dire la raison sans frein. Voyez avec quel avantage vos contradicteurs relèvent le principe d'autorité. Ils ne le renferment pas seulement dans la sphère religieuse, son domaine légitime, à la condition qu'il n'en sorte pas ; ils le placent partout, et même dans nos pauvres sociétés politiques où la force a besoin d'un si grand contre-poids pour ne pas devenir oppressive. Mais qu'est-ce, en définitive, que l'autorité ainsi entendue ? Quoi donc peut légitimer son action ? Où un pouvoir purement temporel peut-il puiser son droit contre le droit ? Il serait temps d'en finir avec tous ces sophismes qui seront trop effacés peut-être par d'autres sophismes de demain. Puisque j'en suis à donner des définitions, je veux donner celle du principe d'autorité ; la voici : c'est la prétention de faire du mal impunément.

Je voudrais n'avoir pas à répondre sur une explication grammaticale que vous demandez. Je distingue la résistance juridique de la résistance légale, comme je distingue le droit de la loi. Quand le pouvoir a pour soi la loi, mais non le droit, et qu'il le viole à mon égard, je résiste juridiquement, avec le droit, et quand il méconnaît à la fois et le droit et la loi, ma résistance est à la fois juridique et légale.

Que devient maintenant votre proposition : « Raisonner est tout le droit ? » Quoi ! raisonner est le droit, et vous avez banni la conscience et la raison ! Pour être conséquent, il vous faut rejeter toutes ces fausses mesures des actions humaines, comme vous les appelez. Mais croyez-vous qu'on puisse faire un raisonnement sans employer des raisons? Vous contredisez formellement le premier aphorisme du plus humble de nos arts domestiques, que la gravité de la discussion ne me permettrait pas de rappeler ici. Vous admettez le composé en rejetant les éléments. Or, l'homme qui doute de sa raison se dément en raisonnant. Montaigne, qu'il faut bien toujours rappeler quand on discute les doctrines négatives, ne raisonnait ni n'affirmait; sa devise était : *Que sais-je?* Aussi votre véritable objection contre vos contradicteurs qui affirment, n'est-elle que sous-entendue. Vous ne répudiez pas la raison, quoi que vous disiez; mais ce que vous pensez, sans le dire, ce qu'implique chacune de vos phrases, le voici : c'est qu'il n'y a pas de principes absolus, d'idées générales, d'unité synthétique à laquelle on puisse ramener la vérité apparaissant sous des formes si variées. Et c'est une erreur ; car nous ne saurions raisonner sans abstraire, et toute abstraction a pour objet de dégager une vérité première. Mais ce ne peut être ici le lieu de discuter une telle question ; j'aime mieux vous renvoyer à Platon, et peut-être en reviendrez-vous avec d'autres sentiments sur le devoir et la raison.

Je finis cette trop longue lettre, monsieur ; mais je m'aperçois que j'ai omis plus de choses que je n'en ai dites. Les objections se pressent sous ma plume, et je dois m'arrêter. Pourquoi faut-il que j'aie à défendre le droit contre le champion de la liberté, qui est le droit ou n'est rien. Tel est le résultat de la négation quand on s'en sert jusqu'à l'élever à la hauteur d'une méthode ; on se contredit soi-même, d'abord, et bientôt on ne s'entendra plus. Mais le mal le plus grand des doctrines négatives est dans le découragement qu'elles jettent dans les cœurs et l'absolution qu'elles donnent à toutes les lâchetés. Vos négations de la conscience et du devoir vont mettre à l'aise bien des gens qui étouffaient sous leurs masques ; était-ce à vous à leur fournir un tel secours ? La conscience, le droit, le devoir, ne seraient que des mots ! Je consentirais à ignorer ce qu'ils sont, à les chercher toujours ; mais s'ils n'étaient pas, je ne me rattacherais pas moins à leur apparence, au moins comme à la plus consolante des chimères.

H. THIERCELIN,

Avocat à la cour de cassation.

RÉPONSE.

II.

> Un grand abus qu'on fait des mots, c'est qu'on les prend pour des choses.
> **LOCKE.**
>
> Il n'est pas encore décidé : si le droit vient de la loi, ou si la loi vient du droit.
> **PONCELET.** 9 novembre 1836. *Discours d'ouverture.*

Ne faire du Droit qu'une abstraction, c'est, dites-vous, le méconnaître. Si, par le mot abstraction vous entendez une idée purement spéculative, une idée planant au-dessus de la réalité et ne se l'assimilant pas, je suis, sur ce point, pleinement de votre avis. Le droit qui n'est qu'un mot n'est pas le droit, mais aussi qu'est-ce que le droit qui a besoin de la force pour sanction ? Il ne faut pas s'abuser, ce droit-là, que vous admettez et que je repousse, c'est la force. Eh bien ! qu'il s'appelle par son vrai nom, qu'il s'appelle la Force, mais qu'il ne s'appelle pas le Droit !

Encore une fois, qu'est-ce que le Droit ?

Que veut dire ce mot ?

S'il veut dire la force, pourquoi ne pas appeler la Force par son nom ?

S'il veut dire l'équité, pourquoi ne pas appeler l'Équité par son nom ?

S'il veut dire la justice, par opposition à l'équité (1), pourquoi ne pas appeler la Justice par son nom ?

S'il veut dire la loi, pourquoi ne pas appeler la Loi par son nom ?

S'il veut dire le devoir, pourquoi ne pas appeler le Devoir par son nom ?

Vous distinguez, dites-vous, entre le droit et la loi ; mais sur quoi repose votre distinction ? Je le demande au lecteur ; elle ne repose même pas sur une subtilité ; aussi, plus vous vous appliquez à la rendre précise et claire, et moins elle devient claire et précise.

A quels actes reconnaîtra-t-on que le pouvoir a pour lui la loi, mais non le droit, et par quels

---

(1) On réserve le nom de *justice* au droit écrit, à celui dont l'exécution peut être exigée par la contrainte ; car on ne conçoit pas une loi positive dépourvue de sanction. On entend par *équité* un droit qui n'emporte avec lui aucun pouvoir de contraindre, ou qui n'est reconnu que par la conscience et la raison.

(*Dictionnaire des sciences philosophiques.*)

actes s'exercera la résistance à la fois juridique et légale ?

Vous ne dites pas où finit l'empire de la loi, où commence l'empire du droit ?

La loi, par exemple, a-t-elle le droit d'interdire au Français protestant le divorce, que lui permet sa foi ? Dans ce cas, le Français protestant a-t-il le droit de passer outre et de chercher dans un second mariage le bonheur qu'il n'a pas trouvé dans le premier ? Sur quel droit se fonde la loi pour être plus sévère que la foi ?

Je viens de citer un exemple, mais que d'exemples de ce genre je pourrais citer, et qui vous prouveraient que votre distinction sans fondement entre la loi et le droit ne résiste pas mieux à l'examen que votre définition sans réalité : « Le » *droit* est pour chacun la *faculté* de faire ce » que le *devoir* prescrit. »

Si le droit n'est que l'accomplissement du devoir, alors son vrai nom est devoir. A quoi bon deux mots différents pour désigner une seule et même chose ? Si le devoir est tout, le droit n'est rien. O défenseur du Droit, voilà donc comme vous défendez le Droit! en n'en laissant rien subsister.

Réfléchissez-y bien, et vous reconnaîtrez que la seule définition sous laquelle il y ait un corps palpable et vivant, c'est la mienne : « Raisonner est le Droit, tout le Droit, rien que le Droit. »

Je ne la défends point parce qu'elle m'appartient ; je la défends parce qu'elle est la seule qui gagne et se fortifie à l'examen et à la discussion au lieu d'y perdre et de s'affaiblir.

Qu'est-ce que raisonner? Locke répond : « C'est la faculté de déduire des vérités inconnues de principes déjà connus. »

Quelle plus grande puissance qu'une telle faculté! C'est la puissance du levier qui ne demande qu'un point d'appui pour soulever le monde. Que la liberté de raisonner soit entière, c'est-à-dire que le droit de raisonner soit matériellement inviolable, matériellement à l'abri de toute atteinte, et ce droit sera véritablement le Droit, car l'exercice d'aucun autre droit ne pourra plus jamais être ni menacé ni entravé.

Garantissez-moi l'inviolabilité du droit de

raisonner, et je vous garantis non-seulement l'existence ou la conquête de tous les droits qui en découlent, mais encore la destruction de tous les risques, au premier rang desquels je place le retour de tout gouvernement oppressif, la durée de toute gestion publique incapable ou infidèle, l'écart de la force sous quelque nom qu'elle se cache, ou sous quelque forme qu'elle se montre.

Nommez donc un abus, si invétéré qu'il soit, qui puisse résister aux coups réitérés du raisonnement, faisant jaillir de ses étincelles la clarté de l'évidence!

Une des plus profondes et des plus hautes pensées de Pascal, est assurément celle-ci:

« Il est juste que ce qui est juste soit suivi ; il est nécessaire que ce qui est le plus fort soit suivi. La justice sans la force est impuissante ; la puissance sans la justice est tyrannique. La justice sans la force est contredite, parce qu'il y a toujours des méchants ; la force sans la justice est accusée. Il faut donc mettre ensemble la justice et la force, et pour cela faire que ce qui est juste soit fort, et que ce qui est fort soit juste.

» La justice est sujette à disputes ; la force est très

reconnaissable et sans dispute. Ainsi on n'a qu'à donner la force à la justice. Ne pouvant faire que ce qui est juste fût fort, on a fait que ce qui est fort fût juste. »

Effectivement, voilà en quelques lignes l'histoire de tous les peuples et le précis de toutes leurs législations. On a fait l'opposé de ce qu'il y avait à faire ; était-il donc impossible de faire l'opposé de ce qu'on a fait ? Était-il donc impossible de faire que la justice, c'est-à-dire l'équité, que l'équité, c'est-à-dire la raison, que la raison, c'est-à-dire le raisonnement, s'imposât par la force qui lui est propre ? Désigner cette force, c'est nommer l'évidence.

Mais, allez-vous me dire, est-ce que l'évidence arrêtera le malfaiteur ?

Oui, vous répondrai-je, car elle fera de la société ancienne une société nouvelle. Mais alors même que je m'abuserais et qu'il se trouverait encore des hommes assez fous pour rester malfaisants, à quel chiffre proportionnel à la population s'en élèvera le nombre ? Le nombre s'en élevât-il à 1 pour 5,000 (1), que le danger, vous

(1) Justice criminelle en 1852 ; — un accusé sur 5.043 habitants.

en conviendrez, ne serait point bien grave, si tout acte de violence authentiquement constaté avait pour conséquence inévitable de réduire le malfaiteur à la condition méritée d'animal nuisible de bête errante. Or, c'est l'immanquable résultat qu'atteint la police d'assurance ou inscription de vie dont j'ai imprimé ailleurs le modèle, et qui sert de clé de voûte à ce nouveau régime d'où l'avenir sortira comme le chêne sort du gland.

En tout cas, danger pour danger, le danger que ferait courir 1 fou malfaisant à 4,999 hommes vigilants serait moins grand que le péril que ces 4,999 contre 1 lui préfèrent, et qui consiste à se livrer, pieds et poings liés, à la discrétion d'un pouvoir légal quelconque, monarchique ou républicain, pour n'être encore préservés par lui que très incomplètement, ainsi que l'atteste la statistique criminelle partout où il en existe une. Je vous le demande : le sacrifice consommé est-il en proportion avec le risque couru? De deux maux, le moindre n'est-il pas celui qu'on écarte et le plus grand celui qu'on choisit? Est-ce que 4,999 sont moins que 1 ? Est-ce que, conséquemment, les raisonnables ne sont pas de beaucoup les plus nombreux ? La force se trouvant ainsi naturellement unie à la raison, où donc était la nécessité de les désunir et de les opposer l'une à l'autre socialement, de telle sorte que, ne pouvant plus faire, selon Pascal, que ce qui est juste fût fort, on fît que ce qui est fort fût juste ?

Non, il n'est pas vrai, vous le voyez, que la force et la raison soient nécessairement rivales et ennemies ; c'est une méprise ; elle peut se réparer ; mais, avant tout, il fallait la reconnaître et la constater ; c'est ce que je me suis appliqué à faire.

Permettez-moi donc maintenant de ne pas m'arrêter plus longuement à votre objection tirée d'une de ces rencontres dans lesquelles la force physique produit des effets plus décisifs que le raisonnement le plus concluant. Où le raisonnement sera souverain, la force intellectuelle n'aura besoin que de peu de temps pour n'avoir rien à redouter de la force matérielle.

Mais le raisonnement, dites-vous, c'est la raison sans frein. Pourquoi donc mettrait-on un frein à la raison ? Si le plus fort avait toujours raison, ne serait-ce pas la perfection entrevue et signalée par Pascal ? D'où vient le mal ? Le mal vient de ce que, dans l'ordre matériel, le plus fort a souvent tort. Mais, c'est ce qui ne saurait avoir lieu dans l'ordre intellectuel, où le plus fort est toujours finalement celui qui a raison. Il n'est pas de raisonnement, si spécieux qu'il soit, qui d'une vérité puisse faire une erreur et d'une erreur faire une vérité. Celui qui a raison est donc assuré d'avoir raison, s'il le démontre, et sa démonstration est précisément ce qui ôte tout danger au raisonnement opposé de celui qui a tort. Le raisonnement est à la raison, ce que la bataille est à la victoire. Or, si le triomphe de la raison par le raisonnement n'est pas le Droit, qu'est-ce que le Droit ?

Vous dites : Ce serait un droit sans sanction. Vous ajoutez : Le droit sans la force, n'est qu'une abstraction ?

Moi, je vous réponds, l'histoire en mains : Le droit par la force n'est qu'une imposture.

Le droit qui ne peut exister sans une force extérieure n'est pas le droit. Le droit, la raison, la vérité, s'imposent; on ne les impose pas. Pourquoi les imposerait-on? Est-ce que le droit, la raison, la vérité, ne profitent pas toujours, sinon à l'universalité sans exceptions, du moins à l'immense majorité? Le droit a donc pour sanction la force qui lui est inhérente; cette force, c'est l'intérêt du plus grand nombre.

Vous supposez un propriétaire injustement dépouillé de sa propriété : cette objection, empruntée à l'ordre social existant, ayant pour axe la force matérielle, pour pôles l'autorité et la pénalité, n'est point applicable à l'ordre social futur, ayant pour axe la force intellectuelle et pour pôles la réciprocité et la publicité. Comment, dans cet ordre nouveau, qui est l'annihilation de toute force matérielle, non mécaniquement employée, un propriétaire pourrait-il être violemment dépouillé? C'est ce que je cherche en vain. S'il ne l'est pas par la violence, il pourra l'être par la fraude, m'objecterez-vous, et que ce soit par la fraude ou par la violence, il n'en

10.

sera pas moins dépouillé. Je pourrais vous répondre que, sous les yeux de la justice telle qu'elle est instituée dans les pays où elle passe pour fonctionner le mieux, la plupart des fraudes échappent à sa double action répressive et préventive ; mais cette réponse n'est pas celle que je vous ferai. Si l'ordre nouveau que je conçois ne devait pas être supérieur à l'ordre existant, ce ne serait pas la peine de changer celui-ci ; il n'y aurait qu'à le laisser subsister. Mais, ou je m'abuse étrangement, ou le régime de la réciprocité serait d'une application aussi simple que l'est la vérification des poids et mesures. Qu'est-ce, en effet, que la réciprocité ? C'est une mesure. Pierre a-t-il ou n'a-t-il pas faussé cette mesure ? En cas de contestation, quoi de plus facile à vérifier et à constater ?

Ainsi entendue, ainsi pratiquée et telle que je l'ai déjà expliquée dans mes réponses adressées à M. de Lourdoueix, qu'a de commun et de pareil la réciprocité avec le talion, *oculum pro oculo, dentem pro dente*, comme dans la loi de Moïse, ou bien comme dans l'ancienne loi des Douze Tables,

si membrum rupit meum, è pacto talio esto?
Rien, ayez la bonne foi de le reconnaître.

La réciprocité, c'est le pendule humain avec ses deux oscillations alternatives et isochrones, de droite à gauche et de gauche à droite, en d'autres termes, de Paul à Pierre et de Pierre à Paul. Cette double oscillation s'appellera, si vous le voulez, droit et devoir ; droit, équivalant à crédit, c'est ce qui m'est dû ; devoir, équivalant à débit, c'est ce que je dois ; ainsi compris, droit et devoir constituent la réciprocité ; ils en sont les deux termes nécessaires et parfaitement égaux. C'est ce qu'on reconnaît implicitement lorsqu'on dit que le droit et le devoir sont corrélatifs, puisque corrélation signifie : relation *réciproque* entre deux choses. Galilée est le premier qui ait appliqué le pendule à l'horlogerie ; la même gloire illustrera le nom de l'observateur qui appliquera la réciprocité à la société ; la société n'est-elle pas à la civilisation ce que l'horloge est au temps ?

Que me parlez-vous de ces vaines querelles du seizième siècle, dont les derniers échos retentirent dans les écrits de Bossuet et de Jurieu ?

A quoi ont-elles abouti? A quoi ont-elles servi ? Les limites dans lesquelles s'exerce l'autorité souveraine sont-elles mieux observées qu'au temps où paraissait le dernier écrit de Jurieu intitulé : *Soupirs de la France qui aspire après sa liberté?* L'inutilité de ces controverses en est la condamnation.

Qu'est-ce que l'autorité souveraine ?

Où commence-t-elle ?

Où finit-elle ?

C'est ce que ni Jurieu, ni Bossuet, n'ont fait définitivement connaître ; c'est ce que vous ne sauriez dire avec quelque peu de précision.

Il n'y a d'autorité souveraine que celle de la vérité démontrée, de la science appliquée, du talent éprouvé, de l'expérience acquise, de la foi partagée, de la force constatée ; il n'y a d'autorité légitime que celle qui se suffit à elle-même pour s'imposer.

Etes-vous la force ?

Etes-vous la foi ?

Etes-vous l'expérience ?

Etes-vous le talent ?

Etes-vous la science ?

Etes-vous la vérité?

Vérité, science, talent, expérience, foi, force, n'ont de limites qu'elles-mêmes, limites qu'on ne saurait restreindre pas plus qu'étendre.

Nulle controverse à leur sujet ne saurait donc s'élever. La vérité est la vérité, la science est la science, le talent est le talent, l'expérience est l'expérience, la foi est la foi, la force est la force, comme le jour est le jour, comme la nuit est la nuit.

Toutes prétendues divisions entre le spirituel et le temporel, le législatif et l'exécutif, ne sont qu'ergoteries à l'usage et pour la plus grande gloire des Dupins de tous les pays et de tous les temps, ergoteries qui n'ont jamais abouti et n'aboutiront jamais qu'à des transactions précaires ou à des révolutions stériles.

Qu'est-ce que le peuple à la fois *souverain* et *sujet?*

Qu'est-ce que l'électeur quand l'élu est tout ?

Qu'est-ce que le mandant qui ne peut révoquer son mandataire ?

1789, 1830 et 1848 sont là pour le dire.

Oui, vous avez raison ; il est temps d'en finir avec tous les sophismes ; mais le moyen d'en finir avec eux n'est pas d'adopter la subtilité que vous décorez de ce nom : *résistance à la fois juridique et légale.* Ce sont là des mots, rien que des mots. Résistez donc juridiquement et légalement à l'état de siége lorsque, même sous un gouvernement républicain, tous les rappels au respect de la loi et de la constitution n'obtiennent pour toute réponse que ces mots d'un procureur-général : « L'état de siége a dessaisi la justice régulière (1) ! »

Il n'est qu'un moyen, croyez-moi, d'en finir avec toutes les arguties et tous les lieux communs sur l'autorité et la liberté, la souveraineté héréditaire et la souveraineté populaire, c'est d'adopter la ligne de démarcation qui se trace d'elle-même entre la puissance *individuelle* et la puissance *indivise*, l'une et l'autre parallèles et jamais antagonistes, l'une et l'autre simultané-

---

(1) Réponse de M. le procureur-général H. Corne à M. Émile de Girardin, arrêté, jeté en prison, tenu au secret. 28 juin 1848.

ment absolues, l'une et l'autre réciproquement indépendantes. L'analyse a su tirer de la houille le coke qui chauffe et le gaz qui éclaire, sera-t-il donc plus difficile d'extraire de la puissance humaine ce qui est essentiellement *individuel* et ce qui est nécessairement *indivis ?* Peut-on diviser, oui ou non, sans les détruire, la voie publique, l'armée, la flotte? — Non. Conséquemment, ni l'armée ni la flotte ne peuvent être *individuelles.* Si la persuasion, si l'instruction y ont échoué, peut-on, oui ou non, m'imposer une foi que je n'ai pas, me juger d'après une raison qui me manque? — Non. Conséquemment, ni la foi ni la raison ne peuvent être *indivises ?*

Si, par le raisonnement, j'arrive à faire prévaloir cette distinction fondamentale autant que simple entre *l'individuel* et *l'indivis,* croirez-vous encore que raisonner ne soit pas le droit, tout le droit, rien que le droit ? Direz-vous encore que « nier » en ces termes la conscience et le devoir, ce soit mettre à l'aise bien des gens qui étouffaient sous leurs masques, ce soit absoudre toutes les lâchetés, et jeter dans les cœurs le découragement par la négation élevée à la hauteur d'une méthode? Analyser, est-ce nier? Analyser, c'est expliquer; expliquer, c'est connaître; connaître, c'est affirmer. Analyser, c'est synthétiser, car analyse et synthèse sont aussi inséparables qu'effet et cause. L'analyse, a dit Pascal, est l'art de découvrir des vérités inconnues.

Vous me demandez si je crois qu'on puisse faire un raisonnement sans employer des raisons? une telle question, permettez-moi de vous le dire, est peu digne d'une discussion sérieuse. A votre tour, que répondriez-vous si je vous demandais de me dire si vous croyez à la démonstration de la raison sans l'emploi du raisonnement?

Qu'est-ce que la raison sans le raisonnement? C'est la raison présumée.

Qu'est-ce que la raison par le raisonnement? C'est la raison démontrée.

Or, je suis pour la raison démontrée, contre la raison présumée; pour la raison qui est la certitude, la clarté, contre la raison qui est la probabilité, l'obscurité.

C'est parce que je suis homme de liberté que

je suis homme de raisonnement. Le raisonnement est à la raison ce que la liberté est à la vérité ; oui, sans doute, la vérité est au-dessus de la liberté et la raison au-dessus du raisonnement, comme la synthèse est au-dessus de l'analyse ; mais sans la liberté, comment saurais-je que la vérité est la vérité, et sans le raisonnement, comment saurais-je que la raison est la raison (1) ?

Dites-le-moi.

Je prétends que tel cercle est parfait ; vous le contestez : comment le vérifier sans compas ?

Je prétends que tel objet pèse tel poids ; vous le contestez : comment le vérifier sans balance ?

Je prétends que tel but est à telle distance ; vous le contestez : comment le vérifier sans mesure ?

Faudra-t-il donc que je vous croie ou que vous me croyiez sur parole !

C'est cette alternative que je n'admets pas.

Je suis aussi loin de Vico et Lamennais plaçant le *criterium* du vrai dans le sentiment com-

---

(1) On aurait besoin d'une règle. La raison s'offre, mais elle est pliable à tous sens, et aussi il n'y en a point.

PASCAL.

mun que de Montaigne et Charron argumentant de la lutte des idées pour conclure à l'impossibilité d'arriver à la connaissance de la vérité ; je crois à la vérité, mais à la vérité successive vérifiée par la liberté ; je crois à la raison, mais à la raison relative démontrée par le raisonnement.

Vérité et raison sont deux mots dont le passé et l'autorité, s'arrogeant l'infaillibilité par la force, ont trop abusé pour que l'avenir et la réciprocité, ne visant qu'au progrès par l'expérience, les adoptent ; les deux mots de l'avenir seront : liberté et raisonnement !

Vous êtes maître de préférer des chimères à la réalité ; moi, je préfèrerai toujours la réalité à des chimères.

ÉMILE DE GIRARDIN.

A M. DE GIRARDIN.

I.

Je connais des hommes, des Anglais, des Espagnols, des Français, des Allemands ; je ne connais pas l'*homme*, qui n'est, suivant moi, qu'une simple conception philosophique.

Parmi les hommes, j'en connais d'instruits et d'ignorants, de légers et de réfléchis, de capables et d'incapables. Combien en est-il qui raisonnent de même sur les questions les plus essentielles? Cicéron disait, de son temps, qu'il n'y avait pas une absurdité qui n'eût été soutenue par quelque philosophe, c'est-à-dire par quelque raisonneur. Cicéron, je crois, ne changerait guère d'opinion aujourd'hui.

Si la justice n'est que la raison de l'homme, et si la raison de l'homme n'est que la raison de chacun de nous, combien y aura-t-il de justices au monde? Parmi toutes ces justices, aussi nombreuses que les têtes qui raisonnent, quelle sera la meilleure, de celle de mon voisin ou de la mienne? Ne serait-ce pas le cas de dire encore comme Pascal : *Plaisante justice !*

Jusqu'ici la notion de justice a emporté avec elle les deux notions correspondantes de *droit* et de *devoir*. Si j'ai le *droit* de commander à mon enfant, mon enfant a le *devoir* de m'obéir. On peut, par d'habiles sophismes, désorienter la raison sur ce point, on ne pourra jamais délier la conscience d'une *obligation* fondée sur la nature des choses, c'est-à-dire sur la raison de Dieu même.

Si la justice n'est que la raison de l'homme, sa pensée variable, sans autre réalité objective, que devient *son caractère obligatoire ?* Sans son caractère obligatoire, que devient la morale tout entière?

M. de Girardin voudrait-il bien répondre à ces deux objections capitales?

Votre système engendre autant de justices particulières qu'il y a de raisons individuelles, c'est-à-dire détruit la justice.

Votre système ôte à la morale son caractère obligatoire, c'est-à-dire détruit la morale.

S'il m'était permis d'émettre une opinion sur le grave problème qu'agite incessamment *la Presse*, je dirais que, pour moi, la justice, dans son principe fondamental, est antérieure et supérieure à la race humaine.

Au-dessus de la raison humaine, il y a l'*ordre universel*, qui n'est que la raison de Dieu même, et qui devrait gouverner le monde moral comme il gouverne le monde matériel. Je ne sache pas que personne se soit jamais hasardé à dire que l'ordre universel n'est que la raison de l'homme.

Or, concevez l'ordre universel en lui-même, vous avez la VÉRITÉ, principe des sciences ;

Concevez l'ordre universel dans la vivante harmonie, vous avez la BEAUTÉ, principe des arts ;

Concevez l'ordre universel dans la réalisation volontaire par les créatures intelligentes, vous avez la JUSTICE, principe de toute morale.

Avec une telle notion de la justice, vous donnez à la morale une base certaine, et vous lui laissez son caractère obligatoire. Vous donnez au progrès un aliment légitime, et vous le préservez des écarts du rationalisme en lui imposant pour règle et pour juge la conscience du genre humain.

BLOT-LEQUESNE,

Avocat à la cour impériale.

A M. BLOT-LEQUESNE.

I.

> L'homme est la mesure de toutes choses.
> PROTAGORAS.
>
> Les hommes à courtes vues prennent pour la justice ce qu'on leur montre rentrer dans les termes de la loi. Les hommes éclairés estiment conforme à la justice ce que l'impartialité reconnaît être utile dans chaque cause.
> VICO.

Il vous plaît d'intervenir, avant même qu'il ait été clos, dans le débat ouvert entre M. de Lourdoueix et moi, et vous y intervenez en débutant par cette déclaration : « Je connais des hommes, des Anglais, des Espagnols, des Français, des Allemands ; je ne connais pas l'*homme.* » Je vous réponds : En quoi donc l'Anglais, l'Espagnol, le Français et l'Allemand diffèrent-ils entre eux corporellement et intellectuellement ? Puisque vous invoquez Cicéron, je l'invoquerai aussi, et j'ajouterai avec lui :

« Quelque définition qu'on donne de l'homme, elle vaut pour tous les hommes ; ce qui prouve assez qu'il n'y a point de dissemblance dans l'espèce ; car, s'il y en avait, la même définition ne renfermerait pas tous les individus... La raison, par qui seule nous l'emportons sur les bêtes ; la raison, par qui nous savons induire, argumenter, réfuter, établir, prouver, conclure, est assurément commune à tous, différente en tant que science, pareille comme faculté d'apprendre. De plus, nous saisissons tous les mêmes choses par les sens, et de ce qui frappe les sens d'un seul, les sens de tous sont frappés. »

Vous demandez combien d'hommes raisonnent de même. Je vous réponds : S'ils raisonnaient tous de même, à quoi servirait le raisonnement ? Qu'importe que beaucoup d'hommes raisonnent faux, pourvu qu'il y en ait un qui raisonne juste ? Est-ce que la raison démontrée par le raisonnement ne finit pas toujours par avoir raison ? Est-ce que l'absurdité, par cela seulement qu'elle est l'absurdité, ne finit pas toujours par tomber d'elle-même sous son propre poids ?

Vous me faites dire ce que je n'ai point dit ; je n'ai point dit que la justice fût la raison de l'homme. Cette opinion appartient à Cicéron, votre auxiliaire, s'exprimant ainsi : « A tous ceux à qui la nature a donné la raison, elle a donné la droite raison en tant qu'elle commande ou qu'elle interdit, et si la loi, le droit. Or, tous ont la raison, donc tous sont investis du droit. » (*Des Lois,* l. I.) Mais, eussé-je dit ce que vous m'attribuez, et ce qui appartient à Cicéron, que je pourrais opposer question à question et vous demander : La science acquise par l'homme étant la science acquise par chacun de nous, et l'astronomie étant une science, combien y aura-t-il de sciences au monde s'appelant l'astronomie ? Je pourrais ajouter : La justice se formera, comme la science, par l'étude, l'observation, le raisonnement ; elle sera ce qu'est la science, dont on ne dit pas : Plaisante science ! parce qu'on ne saurait lui appliquer ces paroles de Pascal, que vous rappelez sans les citer, et que je vais citer puisque vous les rappelez : « On ne voit presque rien de juste ou d'injuste qui ne change de qualité en changeant de climat. Trois degrés d'élévation du pôle renversent toute la jurisprudence. Un méridien décide de la vérité, ou peu d'années de possession. Les lois fondamentales changent. Le droit a ses époques. *Plaisante justice*, qu'une rivière ou une montagne borne ! Vérité en deçà des Pyrénées, mensonge au-delà. »

Pourquoi, je me sers de vos expressions, pourquoi les parents ont-ils le *droit* de commander à leur enfant? Parce qu'ils ont le *devoir* de penser pour lui jusqu'au jour où il pensera par lui-même. Pourquoi leur obéit-il ? Parce qu'il se meut par leur raison et non par la sienne. L'enfant obéit à la force, n'ayant pas la liberté de désobéir. Devoir est donc un mot qui ne signifie rien appliqué à l'enfant encore privé de raison. Il n'y a devoir qu'où il y a liberté, et il n'y a liberté qu'où il y a raisonnement. Que prouve d'ailleurs cet exemple ?

Que me parlez-vous de justice obligatoire ? Est-ce que c'est en vertu de la justice obligatoire que l'angle de réflexion est égal à l'angle d'incidence ? Réciprocité : telle est la seule justice que j'admette, parce que c'est la seule qui découle de lois dérivant de la nature des choses.

Qu'importe que la réciprocité détruise ce que vous nommez la justice, qu'importe que la réciprocité détruise ce que vous nommez la morale, si la réciprocité est toute la justice, si la réciprocité est toute la morale !

La réciprocité ne pouvant exister entre deux hommes avant que ces deux hommes aient déjà existé, cela contredit, j'en conviens, votre superbe définition : « La justice, dans son *principe fondamental*, est antérieure est supérieure » à la raison humaine. »

J'en suis fâché pour vous, monsieur, qui vous constituez l'avocat d'office de la raison de Dieu ; mais il ne dépend pas plus de moi de faire qu'il n'en soit pas ainsi qu'il ne dépendrait de vous d'empêcher que le tout ne soit plus grand que la partie, ou que le centre d'un cercle parfait ne soit également distant de tous les points de la circonférence.

Pour vous désarmer, je me hâterai d'ajouter que la réciprocité ne renferme en elle absolument rien qui ne s'accorde parfaitement avec l'ordre universel.

Au contraire.

La réciprocité est dans l'ordre social ce que la gravitation est dans l'ordre astronomique.

La vraie loi de l'homme vivant en société, la vraie loi des nations, c'est la réciprocité ; la preuve, c'est qu'il suffit de l'observation de cette loi pour rendre superflues toutes les lois factices qui ont été décorées du nom de *lois positives,* afin de les distinguer des *lois naturelles,* auxquelles elles sont ce que la négation est à l'affirmation.

Combien de lois qui, après avoir été réputées bonnes et équitables, ont été flétries et abrogées? Combien de lois encore en vigueur qui sont destinées à avoir le même sort?

Dès qu'on admet des *lois positives,* des lois factices, en opposition avec les *lois naturelles,* que deviennent les lois positives et quelle autorité conservent-elles?

Dès qu'on admet un *droit écrit dans les consciences* s'élevant au-dessus du *droit écrit dans les codes,* que deviennent ceux-ci et quel nom méritent-ils ?

Dès qu'on admet une *justice divine* supérieure à la *justice humaine,* que devient celle-ci ? N'est-il pas à craindre qu'on la qualifie ainsi : l'injustice constituée ?

Droit, Justice, Morale, Raison, Conscience, qu'êtes-vous en résumé et en définitive ? Vous n'êtes, sous des noms divers, qu'une seule et même mesure des actions humaines. Or, qui prouve que vous n'êtes pas une mesure fausse, qui prouve que vous êtes une mesure vraie ? Rien. Tandis que la réciprocité a sur vous l'avantage décisif de porter sa preuve, sa garantie, son contrôle avec elle-même ; c'est l'équité mathématique, c'est le compas avec ses deux branches, c'est la balance avec ses deux plateaux, c'est la règle avec ses deux extrémités.

La réciprocité est la mesure qui détermine le degré de civilisation, et si la civilisation n'existe pas, quel sens ont ces trois mots symboliques dont vous composez votre triade : Vérité, Beauté, Justice ?

ÉMILE DE GIRARDIN.

A M. DE GIRARDIN.

II.

Sous la forme d'un débat purement métaphysique, vous remuez l'un des problèmes les plus vastes des temps modernes. Il y a en présence, ici, le principe conservateur des sociétés humaines, l'autorité, le *droit;* là, le principe révolutionnaire tout entier, la négation de l'autorité, du *droit*, dans les sociétés et dans les consciences. Pour votre système de réciprocité générale, c'est une question de vie et de mort. Si le *droit* existe, la liberté absolue n'est qu'un rêve, le jeu d'une imagination oisive, une de ces mille conceptions fantastiques dont l'esprit humain est si prodigue. Si le *droit* n'existe pas, votre système est une éclatante vérité, il faut renverser les barrières religieuses, morales, politiques, qui retiennent la liberté captive ; il faut rendre l'homme à sa loi vivante, à sa nature propre, à sa vie réelle. J'ai donc raison de dire que le problème qui s'agite est *to be or not to be* de votre doctrine, et je conçois que M. de Girardin ne se rende pas.

Plusieurs siècles avant l'ère chrétienne, un sophiste grec affirmait, comme vous, dans les mêmes termes que vous, que la *raison est la seule mesure des choses ;* un autre niait, comme vous, dans les mêmes termes que vous, *la distinction du bien et du mal*, dont il attribuait l'invention à la politique. Ne serait-ce pas un spectacle assez piquant que de voir M. de Girardin débitant, en plein dix-neuvième siècle, les vieilles maximes que Socrate poursuivait de ses railleries sous les portiques d'Athènes, et que Platon confondait, dans les jardins d'Académus, de l'imposante supériorité de son génie? Quel mécompte, monsieur, pour la doctrine du progrès indéfini, dont vous n'êtes ni le moins intrépide, ni le moins brillant champion !...

Mais je sens que ce serait là une discussion puérile, indigne de vous. La valeur d'une doctrine n'est pas plus dans son origine que dans ses organes, elle est dans sa vérité. Vous avez la prétention de fonder un système de politique générale. Comme M. Proudhon, vous réclamez l'autonomie des sociétés *an-*

archiques, c'est-à-dire sans pouvoir ; plus conséquent que M. Proudhon, vous proclamez encore, et la logique vous en fait une loi, l'autonomie des consciences indépendantes, c'est-à-dire sans loi morale. A la bonne heure, négation absolue du pouvoir dans tous les ordres, voilà le principe révolutionnaire par excellence, le voilà résolûment posé, dans toute sa radicale simplicité, dans toute sa formidable énergie. Eh bien, monsieur, ce principe fondamental et substantiel de votre doctrine, cette vérité axiomatique de votre système, comment l'établissez-vous, comment la démontrez-vous ?

Vous avez répété sous bien des formes : « L'unique loi de l'homme est la loi de son développement. La loi de l'être pensant, c'est de se mouvoir dans sa raison, comme la loi de chaque astre est de se mouvoir dans son orbite. » Mais ces affirmations superbes, comment les démontrez-vous ? les bases philosophiques de votre système, comment les établissez-vous ? comment prouvez-vous que l'homme n'est soumis qu'à une loi unique, celle de son développement ? comment prouvez-vous que son développement n'est lui-même soumis qu'à une loi unique, celle de la liberté de l'astre ? L'astre qui se meut dans son orbite ne se meut-il pas suivant *certaines lois* ? L'homme qui doit se mouvoir aussi dans sa raison et sa liberté ne doit-il pas se mouvoir de même suivant *certaines lois!* Avant de passer outre, comment résolvez-vous ces questions préliminaires ! Que faites-vous de ces *places fortes* que vous laissez sur vos derrières, occupées par l'ennemi ! Ne voyez-vous pas que vous fondez votre théorie sur la plus téméraire et la plus gratuite des hypothèses ! Imprudent architecte, vous voulez élever un édifice durable, et vous en posez la première pierre dans le vide !

A votre doctrine du *Droit humain* ne relevant que de la raison de l'homme, j'avais répondu en trois mots, non en juriste, avec l'autorité du juriste, mais en homme qui raisonne, vis-à-vis d'un homme qui raisonne ; j'avais dit :

" Il y a dans le monde matériel des *rapports nécessaires* qui dérivent de la nature des choses ; ces *rapports nécessaires* que la raison découvre et ne crée pas, sont les *lois* qui régissent les corps, et que les corps accomplissent fatalement, parce qu'ils sont aveugles.

" Il y a de même, dans le monde moral, des *rapports nécessaires* qui dérivent aussi de la nature des choses ; ces *rapports nécessaires* que la raison découvre et ne crée pas, sont les *lois* qui régissent les êtres libres, et que les êtres libres accomplissent librement, parce qu'ils sont intelligents.

« Ces rapports nécessaires qui dérivent de la nature des choses dans le monde moral, comme dans le monde matériel, que la raison de l'homme découvre et ne crée pas plus dans l'un que dans l'autre, qui sont dans celui-ci la loi nécessitante des corps, et dans celui-là la loi libre des intelligences; ces *rapports nécessaires*, disais-je, constituent l'ordre universel de la création, et cet ordre universel de la création, antérieur et supérieur à la raison de l'homme, est, à proprement parler, la *conception*, la *raison de Dieu* même, comme le plan d'un édifice est la conception, la raison de l'architecte, avant comme après la construction de l'édifice. »

Vous n'admettez qu'une partie de ces vérités, monsieur; dans l'ordre matériel, vous reconnaissez des *lois* qui régissent les corps, des *lois* que la raison de l'homme n'a pas faites, des *lois* qui dérivent de la nature des choses. Pourquoi ne reconnaissez-vous pas aussi, dans l'ordre moral, des *lois* qui régissent les intelligences, des *lois* que la raison de l'homme n'a pas faites, des *lois* qui dérivent de la nature des choses, comme l'observe Montesquieu? Est-ce que ce principe : « Tu honoreras ton père et ta mère » n'est pas aussi vrai, aussi absolu dans l'ordre moral que cet autre principe : « Le tout est plus grand que la partie » n'est vrai, n'est absolu dans l'ordre matériel? Qu'est-ce que la raison a plus à voir à l'un qu'à l'autre, sinon à les accepter tous deux, celui-ci comme *loi* fatale des corps, celui-là comme *loi* libre des intelligences?

Vous admettez les lois de l'ordre matériel parce qu'elles sont irrésistibles, parce que le monde matériel les subit aveuglément? vous n'admettez pas les lois de l'ordre moral, parce que l'homme peut se soustraire à leur empire, parce qu'il peut les violer et qu'il les viole tous les jours. Quoi ! monsieur, la violation d'une loi, l'application incomplète d'une loi, sera la négation absolue de cette loi ! C'est vous, intrépide raisonneur, qui tirez de pareilles conséquences ! Parce que l'artilleur qui pointe sa pièce aura tenu compte de la résistance des milieux, la loi mathématique n'existera pas ! Parce que « le carnage de la Saint-Barthélemy, parce que les dragonnades des Cévennes, parce que les bûchers de l'Inquisition, » horreurs que l'on rencontre dans tous les camps, auront outragé la conscience humaine, la conscience humaine n'existe pas ! Et que signifie donc ce long cri d'indignation répété de siècle en siècle par tous les échos de l'histoire? La loi de réciprocité, dites-vous; à qui ferez-vous croire, monsieur, que si le cœur se soulève au souvenir de Catilina tramant la ruine de sa patrie, et s'il palpite d'émotion au souvenir de Régulus allant mourir esclave de sa parole, c'est au nom de la loi de la réciprocité? Il est douteux que la loi de la réciprocité interprétée par les passions humaines ne fasse pas les Lacenaire et les Papavoine, il est certain qu'elle ne fera jamais les d'Assas et les saint Vincent de Paul.

Je me hâte, monsieur, de sortir de ces discussions de principes peu familières à la foule des lecteurs, et je termine par une question fort simple que j'adresse au système de la réciprocité générale. — J'ai un ami mourant; la loi civile ne lui permet pas de reconnaître un enfant adultérin, auquel il veut laisser sa fortune; il me confie cent mille écus qu'il me charge de remettre à son fils. Il meurt, personne au monde ne connaît le dépôt dont j'ai la garde. — Si aucune loi morale n'oblige ma conscience, si tout se réduit à un calcul de risques, si je préfère, au risque de me voir un jour dépouillé moi-même, un bénéfice immédiat de 300,000 fr., puis-je mettre ces 300,000 fr. dans ma poche? Toute doctrine doit oser avouer ses conséquences. Que le système de la réciprocité générale réponde.

— Oui ! Le système triomphe, mais la conscience publique indignée le réprouve. — Non ! Le système abdique et la loi morale existe.

Votre théorie est jugée par ces observations rapides, monsieur. Vous avez cru élever un monument de bronze, *ære perennius;* vous n'avez bâti qu'un palais de nuages que le premier souffle de vent dissipe.

Je vous adresse cette lettre, monsieur, et quel que soit le sort que vous lui réserviez, je n'en examinerai pas moins votre doctrine :

1° Dans sa filiation historique, et je démontrerai qu'elle se résout dans l'*individualisme universel;*

2° Dans son influence sociale, et je démontrerai qu'elle se résout dans l'*anarchie universelle;*

3° Dans son terme fatal et nécessaire, et je démontrerai qu'elle se résout dans *le despotisme universel.*

Individualisme, anarchie, despotisme, telle est la triple évolution du principe révolutionnaire que je ne confonds pas avec le progrès. Quand il a vécu ces trois âges, il meurt.

III.

Vous avez posé le *principe révolutionnaire* dans sa formule la plus radicale : *négation absolue du pouvoir*. J'ai promis de rechercher l'origine de votre axiome favori : je tiens ma promesse.

Pour l'observateur attentif, il est manifeste que les sociétés européennes sont livrées à deux courants contraires; l'un, formé des idées chrétiennes, qui les emporte vers l'amélioration successive de toutes choses; l'autre, formé des idées révolutionnaires, qui les précipite aveuglément dans tous les hasards, comme dans toutes les catastrophes de *l'inconnu*. Le christianisme a répandu dans les âmes des notions nouvelles d'ordre, d'égalité, de justice, de charité, de liberté, méconnues ou défigurées par l'ancien monde. Ces pures et saines notions, fécondées par un enseignement de dix-huit siècles, identifiées avec l'esprit humain, dont elles sont devenues la substance propre, ont développé au sein des sociétés modernes une morale publique élevée, une conception supérieure du droit, tout un ordre de perfection idéale inconnu à l'antiquité tout entière. Or, cette morale publique élevée, cette conception supérieure du droit, cet ordre de perfection idéale que l'antiquité ne connut jamais, forment comme un mirage sublime qui séduit les intelligences, qui les attire par des affinités mystérieuses et qui les entraîne à la réalisation du type parfait qu'elles ont conçu. Mais pendant que les intelligences rêvent ou conçoivent une perfection sociale qui ne serait que la complète application de la morale évangélique, nos mœurs immobiles ou rétrogrades refusent de suivre le mouvement des esprits. Les idées franchissent l'espace et se perdent dans les champs d'une civilisation indéfinie. Les mœurs, imprégnées de l'esprit révolutionnaire, demeurent relativement barbares. L'orgueil indisciplinable, l'impatience de tout frein, l'ambition de commander, l'ardeur immodérée de jouir, l'oubli ou le dédain des croyances les plus saintes, le mépris des lois, la haine du pouvoir à tous les degrés et sous toutes les formes, en un mot, la négation *de la loi morale* dans son principe et dans sa fin, tels sont les ferments révolutionnaires qui agitent les âmes, compriment l'élan des cœurs et jettent la société dans cet antagonisme acharné qui se résout en fureurs insensées contre les institutions les plus innocentes, en déchirements stériles, en destructions incessantes, en calamités de toutes sortes. On peut l'affirmer sans crainte, la société qui s'abandonne aux influences chrétiennes ressemble au vaisseau sûr de ses voiles et fier de ses mâts, qui traverse sans périls un océan sans tempêtes, tandis que la société qui s'abandonne aux influences révolutionnaires ressemble au vaisseau démâté par la foudre, que la tempête balance sur l'abîme, en attendant qu'il aille se briser sur quelque rocher inconnu.

Cet état de la société caractérise, monsieur, les deux écoles auxquelles nous appartenons vous et moi : l'une qui poursuit le progrès sous l'empire et dans la limite de la loi morale, l'autre qui poursuit le progrès sans autre guide et sans autre règle que la raison de l'homme, c'est-à-dire ses fantaisies et ses rêves. Quelle est maintenant l'origine du principe révolutionnaire ? Quelle est sa première incarnation ? Voyons :

Au seizième siècle, un novateur fameux jeta dans le monde un principe fécond en bouleversements de toutes sortes. Le moine de Wittemberg ne se borna point à proclamer l'inviolabilité de la conscience, à chasser l'arbitraire, la contrainte, la violence des domaines de la foi. A ce titre, Luther eût mérité les bénédictions de tous les âges; mais, oubliant que si le despotisme est toujours odieux, l'autorité est toujours respectable, il affirma l'indépendance complète, la souveraineté absolue de la conscience privée. Il dit à l'homme faible, ignorant, passionné : « Interprète à ton gré les Écritures; si la tradition, si les conciles, si l'Église universelle, ne sont pas d'accord avec toi, rejette la tradition, rejette les conciles, rejette l'Église universelle tout entière. Dans l'ordre de la foi, tu ne relèves que de toi, tu n'as de maître que toi, tu es à toi-même ta règle unique et ta suprême loi. » C'était bien là, vous en conviendrez, monsieur, constituer dans le monde religieux le plus vaste individualisme qui fut jamais.

Au dix-septième siècle, un penseur célèbre tira les conséquences philosophiques contenues dans le principe de Luther. L'illustre maître de Christine de Suède ne se contenta point de renverser l'oppressive domination d'Aristote, de ruiner l'absurde et tyrannique empire des formules, de débarrasser la pensée humaine des entraves d'une scolastique stérile. Descartes, libérateur de la pensée humaine, n'eût recueilli qu'une gloire incontestée et sans mélange Mais, oubliant à son tour que la plus sublime des facultés de l'homme a ses défaillances et ses ténèbres, qu'au-dessus de la raison privée de l'homme, il y a la *raison générale de l'humanité*, gardienne des vérités nécessaires à la vie morale des peuples et des individus, il nia le droit de la raison universelle, il affirma l'indépendance absolue de la raison privée ; il dit à l'homme faillible, présomptueux, léger : « Dans la recherche de la vérité, tu ne dois interroger que ta seule raison ; quelles que soient les traditions, les croyances du genre humain, tu ne dois admettre pour vrai que ce qui semble vrai à ta seule raison ; tu n'as de guide, tu n'as de maître, tu n'as de juge que ta seule raison (1). » C'était encore, vous le reconnaîtrez, monsieur, ouvrir le monde philosophique à l'individualisme le plus effréné.

Au dix-huitième siècle, un rêveur de génie compléta politiquement la pensée de ses prédécesseurs. Luther avait donné pour base unique à la religion la conscience de l'homme; Descartes avait donné pour base unique à la philosophie la raison de l'homme; Rousseau donna pour base unique à la société la volonté de l'homme. Au lieu de chercher l'explication de la société dans la nature sociable de l'homme et dans la dernière raison des choses, la volonté de leur suprême auteur, il aima mieux recourir à la chimère du contrat primitif, toujours révocable, variable, discutable au gré des mobiles caprices d'une foule mobile et capricieuse; plutôt que de justifier le pouvoir et d'anoblir l'obéissance, en remontant à la source commune des droits et des de-

(1) Nous devons dire, pour être juste, que cet axiome n'était pas, dans la pensée de Descartes, aussi absolu que dans son expression, et que c'est surtout chez quelques-uns de ses disciples qu'il est devenu le principe du rationalisme moderne.

voirs, à l'ordre nécessaire, à la morale universelle antérieure et supérieure aux sociétés humaines, il préféra confondre le *pouvoir*, le droit de commander, avec la puissance de contraindre ; le *devoir*, l'obligation d'obéir, avec la nécessité de céder. Il fit sortir les droits et les devoirs sociaux de la volonté collective. Il dit à l'homme égoïste, orgueilleux, dominateur : « La société est ton œuvre, sa constitution, ses lois, ses coutumes, ta volonté les a faites, ta volonté peut les détruire, change, modifie, renouvelle, bouleverse. L'unique souverain, c'est toi, toi seul, partout, toujours. » C'était enfin, vous l'admettrez encore, livrer le monde social aux fureurs d'un individualisme implacable.

L'individualisme, sans autre règle et sans autre frein que lui-même, l'individualisme absolu, voilà le terme fatal de la négation du pouvoir dans tous les ordres ; voilà le *principe révolutionnaire* dans sa génération directe et dans sa formule véritable. Cette génération et cette formule, vous ne les répudiez pas, que je sache, et jusqu'ici, je n'ai encore été que l'écho de vos propres idées. Mais où commence entre nous la dissidence ? Le voici.

Vous proclamez la souveraineté, l'omnipotence de l'homme, à la bonne heure. Mais l'omnipotence de l'homme, c'est le libre et plein essor de tous ses instincts, de tous ses sentiments, de tous ses intérêts, de toutes ses passions. Mais le libre essor des instincts, des intérêts, des passions, c'est l'antagonisme, la lutte de toutes les personnalités, de toutes les ambitions, de toutes les convoitises, de toutes les violences qui fermentent dans le cœur humain. Mais l'antagonisme des personnalités, des ambitions, des convoitises, des violences individuelles, c'est cet épouvantable *état de nature* imaginé par le farouche théoricien du despotisme, par le sombre auteur du Léviathan : *Bellum omnium contra omnes*. Or, comment ordonnerez-vous le chaos, comment disciplinerez-vous l'anarchie ?

La science, dites-vous, la civilisation, l'expérience accumulées des siècles. Y pensez-vous, monsieur. Il ne s'agit pas ici de la *mécanique céleste*, ou de toute autre science purement *spéculative*, qui se forme sans obstacle et sans effort de la simple observation des phénomènes naturels, dans le cabinet du savant. Il s'agit de la science pratique par excellence, de la science des droits et des devoirs, de la science qui se traduit en œuvres vives. En dehors des prescriptions religieuses, existe-t-il une pareille science? les bases en sont-elles fixées? le principe générateur en est-il même posé? Jetez donc les yeux sur le *pandæmonium* de la philosophie ancienne et moderne; prêtez l'oreille à cet immense concert d'élucubrations fantastiques, folles, contradictoires, absurdes, qui faisaient dire à notre vieux Montaigne : « Cil qui fagotterait convenablement un amas des âneries de l'humaine sapience, il ferait merveille. » Et voilà ce que vous appelez la science, et voilà ce que vous donnez pour règle à la conduite des hommes !

Voulez-vous qu'il existe une science des droits et devoirs, une morale scientifique? Quelle sera son efficacité sur les déterminations, sur les actions humaines? Est-ce que le baptême de la science est une grâce sanctifiante? Est-ce que tous ceux qui le reçoivent sont purifiés du péché d'orgueil, d'avarice, de colère, de paresse? Est-ce que tous les savants sont des modèles de perfection, des hommes doux, modestes, tempérants, désintéressés? Interrogez donc encore l'histoire de l'humanité, monsieur. Toute la science de l'antiquité représentée par les plus beaux génies de la Grèce a-t-elle jamais pu faire passer dans les mœurs le principe sacré de l'égalité et de la fraternité humaine? Le monde romain avait bien lu dans Phocylides : « Donne au mendiant, reçois l'exilé dans ta maison, sois le conducteur de l'aveugle, tends la main à celui qui tombe, secours l'homme abandonné; tous les hommes boivent à la coupe des maux. » Il avait bien admiré, dans Homère, la fille d'Antinoüs empressée auprès d'Ulysse jeté par une tempête dans l'île de son père ; il s'était bien levé d'enthousiasme au vers de Térence : « Je suis homme, et rien d'humain ne m'est étranger. » Il avait bien applaudi au mot touchant de la reine de Carthage : « Malheureuse, je sais compatir au malheur. » Il avait bien ouï son orateur favori parler d'une *certaine charité du genre humain (caritas generis humani)*. Rares et rapides éclairs d'une pitié toute humaine, aussitôt éteints qu'allumés dans la profonde nuit de l'antiquité ! rayons sans chaleur, qui brillaient un instant aux regards éblouis du peuple-roi, sans faire germer ni une idée dans son âme ni une institution dans son immense empire ! Nul n'avait encore secoué sur la tête des oppresseurs du monde les foudres vengeresses des éternelles justices ; nul n'avait réveillé dans leurs consciences la grande notion *de la loi morale* ensevelie sous huit siècles de barbarie, d'oppression et de cynisme, et les maîtres du monde dormaient leur terrible sommeil sur la foi de divinités menteuses et complices qui leur donnaient la terre pour domaine et l'humanité pour vassale. Non, non, monsieur, la science par elle-même n'est pas un principe d'action efficace et déterminant. Il faut au cœur de l'homme l'apparition de *la loi éternelle* avec son cortége de responsabilités suprêmes. Alors, seulement alors, la conscience se détermine, et ce qu'elle n'eût point accordé aux calculs de la science, elle l'accorde à l'inflexible prescription du *devoir*.

J'ai recherché l'origine du *principe révolutionnaire* ou de l'individualisme absolu ; je l'ai trouvée dans les audacieuses négations de Luther, de Descartes et de Rousseau, élevées à l'état de système. Dans une prochaine lettre, je rechercherai son influence sur la société. Nous pourrons alors juger de l'arbre par ses fruits.

IV.

La négation de la loi morale du *droit*, c'est-à-dire de l'autorité dans son principe essentiel et fondamental, mène fatalement à l'omnipotence de l'homme, à l'individualisme absolu. L'omnipotence de l'homme, l'individualisme ne mène pas moins fatalement à la dissolution, à l'anarchie générale. Je vais en trouver la preuve dans les conséquences trop tôt réalisées de la triple négation de Luther, de Descartes et de Rousseau.

Luther avait nié l'Église ; un réformateur plus radical, Socin, nia l'Église et Luther. Herbert, Toland, Blount, et tous les déistes anglais, nièrent l'Église, Luther et Socin. Helvétius, Diderot, d'Holbach, Anacharsis Clootz, et tous les matérialistes français nièrent l'Église, Luther, Socin, et le déisme lui-même. Ils étaient arrivés à la négation suprême, au vide absolu, à l'athéisme pur. Qui les aurait retenus sur cette pente? Si Luther avait pu détacher quelques anneaux de la chaîne catholique, avec les sacrements, pourquoi Socin n'aurait-il pas pu en détacher d'autres, avec les mystères? Pourquoi les déistes n'auraient-ils pas pu supprimer la chaîne entière avec la révélation? Pourquoi les athées auraient-ils respecté le dieu indolent et solitaire que les déistes avaient relégué loin de l'univers, au sein de son immobile éternité? La raison de l'un valait la raison de l'autre; tous cherchaient la vérité dans la mesure de leurs forces. En renversant jusqu'à la dernière vérité religieuse, ils n'ont fait que céder à l'irrésistible puissance de leur principe destructeur. Dissolution, anarchie, tel est donc bien le dernier mot de l'individualisme dans l'ordre religieux.

La même doctrine propagée dans le monde philosophique enfanta bientôt les mêmes désastres. Le rationalisme cartésien, qui, dans la main de Descartes, soutenait les grandes vérités morales qui sont la loi des consciences et des États, dans la main de Hobbes, de Spinosa, bouleversa toutes les notions connues du bien et du mal. Le philosophe d'Amsterdam put déclarer que le *juste* et l'*injuste*, le *bien* et le *mal*, indifférents en soi, ne sont que des points de vue individuels, des aspects particuliers des choses. Kant, le logicien inflexible, put attester que l'homme, capable de connaître ses sentiments intimes, c'est-à-dire les différentes modifications de son être, n'avait pas le droit d'affirmer une seule vérité extérieure, et fit ainsi de Dieu, de la vie future, de l'immortalité de l'âme, un problème éternellement insoluble. Schelling, Hegel, élevant leurs théories nuageuses sur le pic le plus escarpé de l'ontologie, purent rajeunir le dogme vieilli de l'unité de *substance*, et perdre ainsi dans l'abîme mal déguisé du panthéisme oriental toutes les croyances chères à la conscience humaine, la moralité, la liberté, la personnalité. Que devenait la morale, la loi générale des êtres libres, au milieu des nombreuses fluctuations de la pensée philosophique ! Elle cessait d'être une règle d'action imposée, sanctionnée par Dieu ; elle n'était plus qu'un vague rapport de convenance que l'intelligence saisit dans le cours de ses spéculations, comme elle saisit un rapport de nombre et d'étendue; mais le caractère *obligatoire*, la *loi intérieure* de la conscience, tout avait disparu. Comme les vérités religieuses, les vérités morales étaient tombées une à une sous les coups répétés de l'implacable doctrine de l'individualisme. Dissolution, anarchie, tel est donc encore le dernier mot de l'individualisme dans l'ordre philosophique.

Le monde social était toujours debout; cependant il était facile de prévoir, par les sanglantes tentatives de Muntzer, de Giska, de Jean de Leyde, dans un autre âge, les terribles assauts que lui réservait l'individualisme triomphant. Lorsqu'il fut bien établi, pour les intelligences vulgaires, que la société n'avait pas ses conditions d'existence propres, ses lois fondamentales absolues, mais qu'elle était une simple conception de la raison de l'homme, un acte de sa volonté souveraine, il se présenta, au nom de la nature, au nom de la science, au nom de l'Évangile même, des réformateurs innombrables qui jetèrent pêle-mêle, au milieu de la société, leurs innombrables systèmes de régénération et de bonheur. Les uns proposèrent l'association intégrale, la liberté de tous les essors *passionnels*, la réhabilitation de la chair; les autres placèrent le salut de l'humanité dans l'exercice direct de la souveraineté du peuple, dans la suppression des

gouvernements ; ceux-ci préférèrent l'organisation du travail, la communauté universelle , plus complète que ne l'a jamais imaginée Platon ; ceux-là prônèrent le morcellement indéfini, l'individualisation systématique, la négation absolue. Que pouvaient devenir le pouvoir, la famille, la propriété, c'est-à-dire les lois primordiales et nécessaires de la société, au milieu de tant de doctrines diverses, contradictoires, incessamment agitées, discutées, contestées? Elles perdirent leur prestige et s'effacèrent peu à peu dans les consciences. « Toutes ces terres trop remuées et de-
« venues incapables de consistance, » suivant la belle expression de Bossuet, « tombèrent de toutes parts,
« et ne laissèrent plus voir que d'effroyables préci-
« pices. » Ainsi la ruine des vérités sociales avait suivi de près la ruine des vérités morales, comme la ruine de celles-ci avait suivi de près la ruine des vérités religieuses. Dissolution, anarchie, tel est donc enfin le dernier mot de l'individualisme dans l'ordre social.

Ces effroyables précipices, dont parle Bossuet, nous en avons aperçu toute la profondeur. Nous savons aujourd'hui tout ce que renferme de puissance dissolvante ce terme mal dissimulé de toutes les révolutions, le droit pour chacun de vivre à sa fantaisie.

Tant que ces graves problèmes religieux, philosophiques, sociaux, s'agitèrent dans les hautes régions de la société, leurs désastreuses conséquences se firent à peine sentir parmi les populations croyantes et résignées. Concentrées dans une sphère à peu près inaccessible au vulgaire, contenues par le bon goût de mœurs douces et polies, elles ne se révélèrent que par les vices les plus raffinés et le scandale d'une dépravation parée de toutes les séductions et de toutes les grâces. Alors le torrent des folles joies du siècle passait au-dessus de la tête du peuple, et le peuple, abrité dans la foi, gardait son cœur pur du mal, et n'attendait que du maître qui a dit : « *Bienheureux* « *ceux qui pleurent* », la tardive récompense de ses longs sacrifices et le prix de ses obscures vertus. Mais, quand il eut appris, par l'exemple des grands et des heureux du monde, qu'il était libre de faire à sa guise sa foi, sa morale, sa loi ; que les hautes et solennelles questions de Dieu, de l'âme, de vie future, qui avaient fatigué le génie des saint Augustin, des Kepler, des Pascal, n'étaient que des futilités stériles qu'il fallait tout au plus abandonner aux oisifs ; que l'unique fin de l'homme sur la terre était le bien-être ; alors il demanda pourquoi à quelques-uns toutes les félicités de vie, à lui les misères et les larmes...

Alors il ouvrit son cœur à toutes les tentations de l'esprit du mal, à la convoitise insatiable, à l'orgueil brutal, à la haine jalouse et féroce. Alors la société chancela sur sa base, tous les crimes et tous les malheurs révolutionnaires étaient conçus.

On s'étonne maintenant que la société, sapée dans ses fondements depuis plus de trois siècles, s'écroule d'un côté pendant qu'on la restaure de l'autre. Ce serait merveille, vraiment, que l'édifice restât debout, lorsque toutes les lois de l'équilibre sont rompues. Pour arrêter cette effrayante mobilité des institutions désormais sans racines dans le sol, vous appelez à votre aide le bien-être, la liberté, les lumières. Eh! sans doute, il faut répandre le bien-être, la liberté, les lumières, mais de tous les siècles écoulés, le nôtre n'est-il pas le plus libre, le plus éclairé, le plus relativement heureux, et cependant n'a-t-il pas été en même temps le plus fécond en bouleversements, en désastres révolutionnaires? Non, non, le mal qui travaille la société n'est pas dans la misère, dans l'ignorance, dans la compression, il est dans l'anarchie des intelligences ravagées par le scepticisme et battues par tous les vents des doctrines contraires; il est dans l'orgueil sacrilége de la raison qui s'arroge le droit de tout détruire parce qu'elle s'attribue la faculté de tout juger ; il est dans la fièvre des convoitises qui s'osbtinent à demander aux jouissances sensibles une satisfaction qui les irrite sans cesse; il est enfin dans cette insatiable soif de bonheur qui tourmente le cœur humain depuis l'origine des siècles, et que toutes les félicités de la terre ne pourront jamais éteindre. Voilà les puissances terribles qui bouleversent cet autre océan que l'on appelle l'âme humaine; voilà les vagues impétueuses que les croyances religieuses ont cessé de contenir, et qui, débordant avec furie dans la société, se répandent en violences, en discordes, en révolutions lamentables.

L'homme n'appartient à la terre que par une moitié de lui-même. Quoi qu'il fasse et quoi qu'il dise, qu'il le sache ou qu'il l'ignore, d'invisibles, d'inexorables affinités le rappelleront toujours vers la commune patrie des intelligences, vers la source incorruptible de l'ordre parfait et de la parfaite justice. Or, il faut à son inquiète pensée, à ses impatients désirs, les vastes perspectives des croyances religieuses, les immenses trésors des espérances éternelles. Donnez à l'activité qui le dévore, donnez au courant électrique qui l'emporte le fil conducteur des croyances religieuses, Dieu, la vie future, les peines et les récompenses infinies, suprêmes sanctions des moralités de la terre, bientôt tout s'ordonnera dans la société comme dans la conscience, et le progrès, qui n'est que l'application sociale des principes évangéliques, réalisera enfin ses promesses d'harmonie et de bonheur. Mais si vous emprisonnez l'âme humaine dans les étroites limites du temps, si vous n'offrez aux saintes ardeurs qui la consument que vos systèmes indigents et vos joies misérables, alors, comme dit Bossuet, elle s'abîmera dans cet *inexorable ennui qui fait le fond de la vie humaine;* noble captive, indignée de ses fers, elle se débattra douloureusement dans sa prison terrestre, et, dans son désespoir, elle ébranlera jusqu'aux voûtes de son cachot pour s'élancer, libre et joyeuse, vers les purs espaces où Dieu a placé sa céleste origine et ses immortelles espérances.

Je ne doute pas plus de la sincérité de vos convictions que de la réalité de votre talent, monsieur. Cependant, permettez-moi de le dire, il y a quelquefois plus d'audace que de force d'esprit à nier ce qu'on ne peut comprendre. Parce que la loi morale, le *droit*, l'autorité, vous répugnent ou gênent vos systèmes, vous niez l'autorité, le *droit*, la loi morale. Heureusement votre négation n'a que la valeur d'une négation, et je puis toujours dire, avec tous les grands génies de l'humanité, qu'il répugne à notre esprit de penser que la religion, la morale, la société, indépendantes de la volonté de l'homme, qui n'en est pas l'auteur, n'ont pas leurs conditions d'existence propres, leurs lois fondamentales nécessaires également indépendantes de la volonté de l'homme ; qu'il répugne à notre raison de croire que ces vérités constitutives et primordiales de l'ordre religieux, de l'ordre moral, de l'ordre politique, établies par le suprême auteur de tout ordre et de toute sagesse, ont été abandonnées, sans règle et sans mesure, aux monstrueuses témérités de la raison privée.

Je sais bien que dans le système révolutionnaire, on supprime le créateur et l'ordonnateur de l'univers, comme un *inconnu* indigne d'occuper la pensée du philosophe, comme un *être immanifesté* qui échappe aux constatations de la science ; mais alors il faut expliquer d'où viennent *ces rapports nécessaires*, *ces lois scientifiques* qui doivent régir la société *an-archique* de l'avenir, heureux théâtre des individualités souveraines.

S'ils ne sont qu'un simple produit, une pure conception de l'intelligence, sans réalité objective, il faut nous apprendre quel peut être leur *caractère obligatoire* ; s'ils sont antérieurs et supérieurs à l'esprit humain qui les perçoit, il faut nous dire quel est le *fond* dont ils se détachent, le centre lumineux dont ils sont l'éternel et splendide rayonnement.

Cette ineffable et mystérieuse *substance* ne serait-elle pas le *Dieu vivant* de la métaphysique chrétienne? L'ordre universel, *loi fatale* des êtres matériels dans le monde des corps, *loi morale* des êtres libres dans le monde des intelligences, ne serait-il pas une conception de l'entendement divin, et la notion d'une Providence rémunératrice et vengeresse ne rentrerait-elle pas dans la conscience avec le sentiment de la moralité et de la responsabilité humaine?

Problèmes immenses que n'étouffent ni ne résolvent les sarcasmes et les dédains d'une ignorance mal déguisée. Qu'on exalte tant qu'on le voudra la puissance de la raison privée, qu'on l'appelle fastueusement, avec l'école éclectique, la *raison humaine*, la raison impersonnelle; sous ces brillants mensonges, il n'y aura jamais que la raison privée, pleine de misère, d'ignorance et de faiblesse, la raison qui va toujours, comme dit Montaigne, *et forte, et boiteuse, et deshanchée, et avecques le mensonge comme avecques la vérité, lesquels ont leurs visages conformes.*

Tel n'est pas, tel ne peut pas être, suivant nous, l'arbitre souverain, le juge en dernier ressort des grandes vérités sur lesquelles repose la conscience du genre humain. Que la raison privée parcourre à son gré, qu'elle explore librement les domaines de la religion, de la philosophie et de la société; qu'elle y forme, qu'elle y professe ses opinions sans que jamais la contrainte et la violence viennent déterminer sa foi, voilà la véritable doctrine du *libre examen*. Mais qu'elle s'attribue dans ces domaines une suprématie sans limites, qu'elle cite devant elle, au nom de sa science imparfaite ou douteuse, les croyances les plus sacrées, les institutions les plus respectables, les lois les plus salutaires; qu'elle les accuse, qu'elle les outrage, qu'elle les condamne, qu'elle les proscrive, et qu'elle tarisse ainsi dans les cœurs, au nom du bonheur de l'humanité, la source des plus pures joies, des plus nobles sentiments, des plus saintes espérances de l'humanité ; c'est plus qu'une sacrilége usurpation, c'est un crime de lèse-majesté humaine et divine.

J'ai trop prouvé que l'individualisme ne mène qu'à l'anarchie ; à un autre jour la preuve qu'en traversant l'anarchie il n'arrive qu'au despotisme.

V.

J'entreprends de prouver que le principe révolutionnaire, ou l'individualisme, n'arrive à l'anarchie que pour aboutir promptement au despotisme. Ou je me fais illusion, ou ma démonstration sera complète.

La *force* était la loi de l'ancien monde, comme le *droit* est la loi du monde moderne. C'est parce qu'elles étaient fondées sur la *force* que les sociétés anciennes, après quelques jours de grandeur et de gloire, sont tombées dans une si rapide et si complète dissolution; c'est parce qu'elles sont, au contraire, fondées sur le *droit* que les sociétés modernes, malgré les révolutions et les âges, semblent sortir de chaque crise nouvelle toujours plus fermes et plus vigoureuses. Heureux donc les peuples si, répudiant le principe païen de la force, ils consentaient enfin à vivre sous l'empire du principe chrétien de la vérité, de la justice et de l'amour!

C'est la gloire impérissable du christianisme d'avoir élevé la loi morale, *le droit*, au-dessus des écoles et des systèmes, des individus et des sociétés, des peuples et des rois. Aussi, depuis cette grande et solennelle restauration du droit dans les sociétés et les consciences, la force a-t-elle vu décroître incessamment son empire. Elle est bannie de l'ordre civil, où l'activité humaine se déploie désormais dans toute la variété comme dans toute la liberté de son essor. Elle est bannie de l'ordre religieux, purgé sans retour des restes de contrainte et de violence qu'y avait laissés la barbarie du moyen-âge. Elle est bannie de l'ordre politique, où l'arbitraire et le caprice des princes a fait place à l'omnipotence de la raison publique. Au milieu de cette universelle émancipation des corps et des âmes, lorsque, de toutes parts, hommes et choses proclament l'unique et légitime suprématie du *droit*, pourquoi donc l'action violente de l'homme devance-t-elle encore l'action régulière et progressive de la Providence? Pourquoi la *force*, vaincue dans la main des rois, reparaît-elle menaçante dans la main des peuples? Pourquoi la révolution, comme une trombe de feu suspendue sur nos têtes, menace-t-elle d'emporter jusqu'aux derniers débris des sociétés humaines?

Cette éternelle manifestation de la force dans chacune des révolutions qui bouleversent toutes nos sociétés ne serait-elle pas la démonstration la plus éclatante que les doctrines révolutionnaires, infécondes par elles-mêmes, n'ont jamais engendré et ne pourront jamais engendrer que la force, c'est-à-dire le despotisme? Je sais bien que vous répondez avec l'école radicale, dont vous êtes devenu le plus fervent disciple, que la révolution, c'est l'esprit humain marchant d'un pas inexorable à la conquête de ses destinées définitives ; que, si elle brise et renverse, c'est que le préjugé, la routine, l'esprit de caste ou de parti ont accumulé les obstacles sur sa route ; qu'il faut qu'elle avance, fût-ce sur des ruines ; qu'il faut qu'elle passe, fût-ce sur les trônes et les autels. Je ne recherche pas si l'école radicale ne met pas trop souvent des mots à la place des idées ; si, dans sa confiante modestie, elle ne s'approprie pas les fruits les plus purs du christianisme, comme Rousseau le lui reprochait déjà de son temps, comme de Maistre le lui reprochait encore du nôtre, quand il l'accusait *d'être une petite fille colère qui bat sa nourrice.*

Je n'examine pas davantage si l'injustice, l'exagération des prétentions révolutionnaires, ne légitiment pas quelquefois la fermeté, l'obstination même des résistances ; je ne retiens qu'un fait unique, patent, avoué : il existe dans toutes les sociétés, sous quelque nom qu'ils se produisent, un parti révolutionnaire et un parti conservateur ; jamais, quelque direction que leur impriment les hommes les plus éminents de chaque époque, ces deux partis n'ont pu s'entendre par les seuls principes de la raison ; toujours, dans leurs conflits respectifs, le dernier mot des peuples, comme le dernier mot des rois, a été la force, la violence, la lutte. Que faut-il conclure de là ? Je laisse au plus pro-

fond génie de notre siècle le soin de vous l'apprendre :
« Quand la force du souverain prévaut, dit l'abbé de
» Lamennais, on a le despotisme ; quand c'est la force
» du peuple, on a l'anarchie. Je ne vois qu'un dépla-
» cement de force, ajoute-t-il, qui reste en dernier res-
» sort seul arbitre de la société. Si le peuple a plus de
» force, il renversera le souverain dès qu'il en aura la
» volonté, et les partisans de la souveraineté du peu-
» ple lui accordent tous ce droit, qu'ils ne sauraient lui
» refuser dans leurs principes. Si la force, au con-
» traire, est du côté du souverain, il aggravera les
» liens du peuple, au gré de ses caprices ou de ses
» craintes, comme on resserre la chaîne d'un animal
» féroce, dans la crainte d'en être dévoré. »

Voilà la consolante alternative que les doctrines révolutionnaires laissent à l'humanité. S'il n'existe point une loi morale, une justice obligatoire supérieure, qui règle les droits et les devoirs de tous, il faut que l'humanité se résigne ; de toute nécessité elle sera, à son choix, déchirée par le tigre royal ou dévorée par le Leviathan populaire. Les professions de foi les plus libérales ne changent pas la nature des choses ; les conséquences que je signale sont-elles ou ne sont-elles pas dans vos principes? Telle est entre nous toute la question.

J'admire, monsieur, combien, avec votre brillante intelligence, vous avez encore d'illusions d'enfant. Vous croyez à la *paix perpétuelle* de l'abbé de Saint-Pierre ; vous espérez que tôt ou tard tout finira dans le monde par un *baiser Lamourette* universel. Ce sont là des bucoliques sociales dignes d'un autre Florian. Sans m'occuper du dogme religieux touchant la bonté ou la méchanceté native de l'homme, permettez-moi de dire que les penseurs qui ont vu de près la nature humaine ne la trouvent pas aussi parfaite, aussi harmonique que vous. " L'homme, abrégé de l'univers,
» dit un écrivain de votre école, résume et syncrète
» en sa personne toutes les virtualités de l'être, toutes
» les scissions de l'absolu, il est le sommet où ces vir-
» tualités, qui n'existent que par leurs divergences,
» se réunissent en faisceau, mais sans se pénétrer ni
» se confondre. L'homme est donc tout à la fois, par
» cette agrégation, esprit et matière, spontanéité et
» réflexion, mécanisme et vie, ange et brute. Il est
» calomniateur comme la vipère, sanguinaire comme
» le tigre, glouton comme le porc, obscène comme le
» singe, dévoué comme le chien, généreux comme le
» cheval, ouvrier comme l'abeille, monogame comme
» la colombe, sociable comme le castor et la brebis.
» Il est de plus homme, c'est-à-dire raisonnable et

« libre, susceptible d'éducation et de perfectionne-
« ment. » (Proudhon, *Traité des Contradictions éco-
nomiques.*)

Parmi les logiciens célèbres de cette école, Spinosa, sondant les fondements de la société civile, nie comme vous la loi morale, le *droit*, l'autorité dans son essence ; mais aussitôt, plus conséquent que vous, il constate l'essor inharmonique des énergies, des activités individuelles, qui, étant à elles-mêmes leur propre loi, se déploient sans règle et sans mesure ; puis, pour fonder l'état social, il invente un pacte chimérique en vertu duquel chacun cède à la communauté son droit primordial et naturel, et sur cette base imaginaire, il élève le plus monstrueux despotisme qui fut jamais. « Puisque nous avons déjà fait voir, dit-il, que le
« droit naturel n'est déterminé que par la puissance de
« chacun, il s'ensuit qu'autant on cède à un autre de
« cette puissance, autant on lui cède nécessairement
« de son droit, et par conséquent *que celui-là dispose*
« *d'un souverain droit sur tous, qui a un souverain*
« *pouvoir pour les contraindre par la force et pour les*
« *retenir par la crainte du dernier supplice, si uni-*
« *versellement redouté. Ce droit, il le gardera tant*
« *qu'il aura le pouvoir d'exécuter ses volontés ; autre-*
« *ment son autorité sera précaire ; et quiconque sera*

» *plus fort que lui ne sera pas tenu, à moins qu'il ne*
» *le veuille, de lui garder obéissance.* La société où
» domine ce droit, ajoute-t-il, s'appelle démocratie,
» laquelle est pour cette raison définie : une assemblée
» générale qui possède en commun un droit souverain
» sur tout ce qui tombe en sa puissance. Il s'ensuit
» que *le souverain n'est limité par aucune loi, et que*
» *tous sont tenus d'exécuter ses ordres, même les plus*
» *absurdes,* car la raison nous prescrit entre deux
» maux de choisir le moindre. » Vous reculez devant
ces effroyables conséquences, et je le crois bien,
monsieur. Mais, encore une fois, tous ceux qui crient
tous les matins : Liberté ! liberté ! ne sont pas pour
cela des hommes de liberté. Ces conséquences sont-
elles dans vos principes ou n'y sont-elles pas? Ou
prouvez, contre l'expérience de tous les siècles, que le
raisonnement, la persuasion, qui n'ont rien d'obligatoire par eux-mêmes, suffisent pour discipliner toutes
les passions contradictoires, toutes les énergies désordonnées du cœur humain, ou reconnaissez qu'il n'y a
d'autre salut pour l'humanité que l'irrémédiable despotisme d'un seul ou la tyrannie convulsive et nécessaire de tous. Je ne connais pas, dans vos doctrines,
d'autres issues au labyrinthe social.

Si le témoignage de l'histoire tout entière atteste

une vérité constante, c'est que toute société qui s'éloigne des traditions chrétiennes se replace d'elle-même sous la loi de la force et de la violence. En sortant de l'empire de la loi morale, du droit, elle retombe fatalement sous l'empire immédiat des intérêts et des passions, anarchiques de leur nature, et toujours, le passé de tous les peuples le confirme, toujours il s'élève du sein des intérêts et des passions en discorde, une puissance despotique supérieure qui dompte les uns, discipline les autres, et ramène la société dévoyée à la loi organique de son institution et de sa fin, à l'ordre, qu'on ne viole jamais, individus ou sociétés, sans péril de mort. La Révolution française, chrétienne dans ses principes, païenne dans ses procédés, s'est chargée d'en donner au monde un mémorable exemple. Quoi de plus admirable que le *Problème philosophique* du dix-huitième siècle, l'unité de la famille humaine? Quoi de plus légitime que le *Problème social de* 89, une société fondée sur l'égalité et la liberté nouvelles? Quoi de plus généreux que le *Problème économique de* 93, le bien-être ouvert à tous (1)? Mais la solution si ardemment cherchée, par quels effroyables moyens fut-elle poursuivie? D'abord par

(1) Nous prêtons aux hommes de 93 les intentions droites que l'école radicale leur prête elle-même. — Blot-Lequesne.

les sarcasmes irréligieux de Voltaire, par les contes impies et libertins de Champfort, par les colères athées de Diderot, par le matérialisme raffiné de d'Holbach; bientôt par l'insurrection, par l'incendie, par le meurtre, par le pillage, tolérés ou encouragés par des pouvoirs tour à tour complices ou victimes; enfin, par toutes les immoralités légales, par les proscriptions en masse, par les égorgements judiciaires; en un mot, par la négation de la loi morale la plus effrontée qui se soit jamais réalisée dans les sociétés humaines. Où menèrent toutes ces horreurs? Où mènent toujours les voies révolutionnaires. La société, épuisée et mourante, alla tomber sous l'épée victorieuse et protectrice du plus nécessaire comme du plus glorieux despotisme. *Cuncta discordiis fessa, sub nomine principis accepit.* (Tacite.)

Le socialisme moderne, cette grande hérésie sociale de notre époque, en s'engageant dans les mêmes issues, arriva promptement au même terme. Personne ne doute que les questions vitales de notre siècle ne soient les questions corrélatives de la misère et du bien-être; personne ne conteste que l'état des institutions n'exerce une influence marquée sur la fortune des peuples; mais conclure de là que la société tient dans ses mains le bonheur et le malheur de hommes, qu'elle ouvre ou ferme à son gré la source de tous les biens et de tous les maux, qu'elle est comptable envers nous des misères et des souffrances qui ne sont que le triste apanage de notre nature ou le fruit de nos passions et de nos vices, c'est la plus folle comme la plus coupable des erreurs. Ce dogme de la responsabilité sociale, plus ou moins absolu, qui constitue le fond du socialisme, des écoles modernes l'ont proclamé, des disciples fervents l'ont propagé, des populations avides l'ont accueilli; en peu de temps, la société fut convaincue, jugée, condamnée, et dans des journées mémorables qui ne seront pas les moins néfastes de notre histoire, des forcenés ont tenté d'en faire la plus terrible et la plus sanglante exécution. Il devenait manifeste que le socialisme n'avait pas répudié les traditions révolutionnaires, et qu'au lieu d'attendre du progrès des idées la vérification pacifique de ses théories, il n'attendait rien que de la force et de la violence, c'est-à-dire de la négation de la loi morale et du *droit*. Le pouvoir pressentit les diverses péripéties d'un drame dont le prologue n'avait été rien moins que la mise en question de la civilisation tout entière. Plutôt que d'exposer la société aux catastrophes du dénoûment, il le supprima, et la France, par l'unanimité de ses votes, témoigna qu'elle préférait encore l'absolutisme de la raison à l'absolutisme d'une liberté pleine de périls et de désastres. *Cuncta discordiis fessa, sub nomine principis accepit.*

Il est triste de penser que ces deux immortels exemples, répétés en moins d'un demi-siècle, n'aient pas plus discrété que découragé les doctrines révolutionnaires, et qu'elles règnent toujours en souveraines dans certaines régions de la démocratie. Là encore on fait une règle fondamentale du droit public de cet axiome de Rousseau, *que le peuple a le droit de faire tout ce qu'il veut.* Là, encore, on accorde l'autorité d'un principe à la maxime de Jurieu, *que le peuple n'a pas besoin d'avoir raison pour valider ses actes.* Là, encore, on adopte sans examen le dogme favori du socialisme, *que la société est coupable de tout le bonheur qu'elle ne donne pas.* Avec de pareilles doctrines sur l'omnipotence de la volonté populaire, sur la justification des moyens par la fin, sur la responsabilité indéfinie de la société, on possède la théorie complète des révolutions; et comme on s'arroge, avec le droit de tout concevoir, le droit de tout oser, qui n'en est que la conséquence naturelle et nécessaire; comme on poursuit sans relâche un bienêtre impossible au milieu de combinaisons sociales impuissantes, on arrive tôt ou tard à l'application du mot célèbre d'un trop célèbre conventionnel : *Périssent les colonies plutôt qu'un principe!* C'est-à-dire périsse le peuple plutôt que mes rêves insensés, périsse la société plutôt que le délire de mon orgueil! Si le bon sens public n'était plus fort que la logique révolutionnaire et n'arrêtait les principes sur leur pente, en jetant la société dans les bras d'un pouvoir formidable et protecteur, le dernier mot de la révolution serait réalisé, la société périrait. Étrange progrès des lumières ! Au dix-neuvième siècle, des esprits aussi intrépides qu'intelligents en sont encore au droit public de la Grèce et de Rome, et toute leur science consiste à organiser, sous le nom de la *raison humaine*, le despotisme de leur orgueil et de leurs passions !

J'ai fini, monsieur. La triple évolution du principe révolutionnaire est connue. *Individualisme, anarchie, despotisme*, voilà le commencement et la fin, l'*alpha* et l'*oméga* de toute révolution et de toute doctrine révolutionnaire ; il y a tout cela, et il n'y a que cela. L'amélioration, le progrès, la vie, c'est la loi morale, c'est le *droit*, c'est le principe chrétien qui n'a et n'aura jamais rien de commun avec la révolution. Le progrès, c'est le soleil qui éclaire et vivifie ;

la révolution, c'est la foudre qui éclate et tue. Vous préférez la lueur sinistre de celle-ci, j'aime mieux la lumière fécondante de celui-là.

BLOT-LEQUESNE,
Avocat à la cour impériale.

A M. BLOT-LEQUESNE.

II.

> Chacun peut remarquer dans toutes les langues certains mots qu'on trouvera, après les avoir bien examinés, ne signifier, dans leur première origine et dans leur usage ordinaire, aucune idée claire et déterminée. Les mots de *sagesse*, de *gloire*, de *grâce*, etc., sont fort souvent dans la bouche des hommes ; mais parmi ceux qui s'en servent, combien y en a-t-il qui, si on leur demandait ce qu'ils entendent par là, s'arrêteraient tout court sans savoir que répondre ?
> LOCKE.

Par l'analyse j'ai reconnu,

Premièrement : que la *force matérielle* et la *force intellectuelle* ont chacune des lois qui lui sont propres, lois distinctes que ces deux forces rivales ne sauraient enfreindre sans tomber dans la plus inextricable confusion ;

Deuxièmement : que la puissance *individuelle* et la puissance *indivise* peuvent et doivent subsister parallèlement, ce qui rend impossible tout choc de l'une contre l'autre ;

Troisièmement : que la réciprocité est aux hommes ce que la gravitation est aux astres ;

Quatrièmement : que tout étant probabilités et risques, tout doit être calcul et assurance ;

Mais cette analyse n'a aucune prétention aux noms de Théorie et de Doctrine que vous lui donnez. A d'autres les palais de nuages et les monuments de bronze ; je ne suis qu'un chercheur remontant pas à pas de l'embouchure du fleuve à sa source : je n'invente point, j'observe ; je n'enseigne point, j'étudie ; je n'impose point, j'expose. Galilée, cet illustre chercheur, disait de la Terre : *E pur si muove !* Je dis de l'Homme : *Et pourtant il raisonne !* Voilà tout ce que je dis ; rien de plus. Et vous m'accusez, ô Simplicius, d'aboutir à l'*individualisme universel*, à l'*anarchie universelle*, au *despotisme universel ;* rien de moins. Vous avez publiquement annoncé que vous le démontreriez ; j'ai patiemment attendu que vous eussez complété votre démonstration pour y répondre. Cette démonstration, l'avez-vous faite ?

C'est maintenant ce qu'il s'agit de vérifier.

Vous dites :

" L'autorité, *le droit,* est le principe conservateur des sociétés humaines. Si le droit n'existe pas, il faut renverser les barrières religieuses, morales, politiques, qui retiennent la liberté captive ; il faut rendre l'homme à sa loi vivante, à sa nature propre, à sa vie réelle. "

L'autorité dont vous prenez la défense en ces termes que je viens de transcrire, et que vous appelez le Droit, est-ce l'autorité dictant à Galilée cette abjuration : « Moi, Galilée, dans la
» soixante-dixième année de mon âge, étant
» constitué prisonnier et à genoux devant vos
» éminences, ayant devant mes yeux les saints
» Évangiles, que je touche de mes propres mains,
» j'abjure, je maudis et je déteste l'erreur et
» l'hérésie du mouvement de la terre ? » Est-ce l'autorité persécutant Descartes ? Est-ce l'autorité accusant Malebranche, par la voix d'Arnauld et de Bossuet ? Est-ce l'autorité déclarant Ramus, *« téméraire arrogant, impudent, »* pour s'être rendu coupable d'avoir fait paraître une logique en désaccord avec celle d'Aristote, et lui défen-

dant, par arrêt de François Ier, d'enseigner ou d'écrire contre Aristote, arrêt annulé par un autre arrêt de Henri II, qui nomme, en 1552, Ramus, professeur de philosophie et d'éloquence au collège royal, ce qui ne sauve pas Ramus, en 1572, du massacre de la Saint-Barthélemy ? Est-ce l'autorité condamnant Étienne Dolet, le traducteur de Platon, à être étranglé et brûlé comme suspect d'athéisme? Est-ce l'autorité vouant à l'exil Grotius, avocat et magistrat éminent, presque également célèbre comme publiciste, comme historien, comme savant, comme poète et comme canoniste, homme d'État et homme de bien, faisant passer l'intérêt public avant tout intérêt privé ? Est-ce l'autorité promulguant l'édit de Nantes ou le révoquant ? Est-ce l'autorité opprimant sous nos yeux, en Suède, les catholiques, en Toscane, les protestants, ailleurs, les israélites ? Est-ce l'autorité ordonnant, en mai 1854, de fusiller deux sous-officiers, Polonais d'origine, pour avoir déclaré au pope russe, qu'étant catholiques ils ne pouvaient, sans commettre un sacrilége, recevoir la communion de ses mains (1)? Est-ce enfin, dans l'antiquité, l'autorité déclarant Socrate, dont vous invoquez le nom contre moi, « coupable de corrompre les jeunes » gens, attendu qu'il ne reconnaît pas les dieux » de la république et met à leur place des ex- » travagances démoniaques, » et le condamnant comme tel à mourir par le poison, à la majorité de 281 voix contre 275, c'est-à-dire à trois voix de moins que le nombre nécessaire pour obtenir l'égalité des suffrages et être absous ?

Socrate, dites-vous, poursuivait de ses railleries, sous les portiques d'Athènes, les « *vieilles* » *maximes que je débite en plein dix-neuvième* » *siècle !* » Alors Socrate n'était pas d'accord avec lui-même, car je suis d'accord avec lui lorsqu'il dit à Euthyphron, qui, en 1854, se fût appelé Blot-Lequesne :

SOCRATE. Eh bien ! examinons ce que nous disons :

---

(1) A l'un des derniers assauts de Silistrie (mai 1854), le général russe prescrit aux prêtres grecs qui font partie des régiments de donner la communion à tous les soldats. Cet ordre est exécuté le matin, au petit jour. Deux sous-officiers, Polonais d'origine, et notés comme excellents militaires, ayant déclaré au pope qu'étant catholiques ils ne pouvaient, sans commettre un sacrilége, recevoir la communion de ses mains, sont immédiatement traduits devant un conseil de guerre et *fusillés*.

ce qui est agréable aux dieux, soit chose, soit homme, est saint, et ce qui est désagréable aux dieux, soit chose, soit homme, est impie. Le saint n'est pas le même que l'impie, mais lui est tout à fait opposé, n'est-ce pas ?

EUTHYPHRON. Sans contredit.

SOCRATE. Et cela paraît bien dit ?

EUTHYPHRON. Je le crois, Socrate, car cela a été dit.

SOCRATE. Mais il a été dit aussi, Euthyphron, que les dieux sont souvent divisés et qu'il règne parmi eux des haines et des inimitiés.

EUTHYPHRON. Je l'avoue.

SOCRATE. Et ce qui produit, excellent Euthyphron, ces haines et ces animosités, n'est-ce point une différence de sentiments ? Examinons cela de cette manière. Si nous disputons, toi et moi, sur deux nombres, pour savoir lequel est le plus grand, cette différence d'opinions nous rendrait-elle ennemis et nous porterait-elle à des actes de violence : en nous mettant à compter, ne serions-nous pas bientôt d'accord ?

EUTHYPHRON. Certainement.

SOCRATE. Et si nous disputions sur deux corps pour savoir lequel est le plus grand ou le plus petit, ne nous mettrions-nous pas à les mesurer, et cela ne finirait-il pas sur-le-champ notre dispute ?

EUTHYPHRON. C'est vrai.

SOCRATE. Et en nous mettant à les peser pour savoir lequel est le plus pesant ou le plus léger, ne tomberions-nous pas d'accord?

EUTHYPHRON. Le moyen de ne pas s'accorder!

SOCRATE. Mais qu'est-ce qui exciterait en nous la colère et la haine si nous venions à en disputer sans avoir une règle à laquelle nous pussions avoir recours? Peut-être ne te vient-il aucune de ces choses à l'esprit; je vais t'en proposer, et vois si j'ai raison. N'est-ce pas le juste et l'injuste, le beau et le laid, le bon et le mauvais? Ne sont-ce pas les choses sur lesquelles nous entrons en différend, et faute d'une règle suffisante, nous nous jetons dans des inimitiés, toi, moi et tous les hommes en général?

EUTHYPHRON. C'est là-dessus que roulent tous nos différends.

SOCRATE. Ainsi, selon toi, brave Euthyphron, les dieux jugent différemment du juste et de l'injuste, du beau et du laid, du bon et du mauvais, car ils ne se seraient jamais divisés entre eux, s'ils ne différaient pas de sentiment sur ces choses-là?

EUTHYPHRON. Tu as raison.

. . . .

SOCRATE. Prends garde à ce qui va suivre. Si le sain

est une partie du juste, il faut, à ce qu'il semble, que nous trouvions quelle partie du juste est le saint. Si tu me demandes, par exemple, quelle partie du nombre est le pair et quel est ce nombre, je te répondrai que c'est le nombre qui se partage en deux parties égales et non en deux parties inégales. Ne le crois-tu pas comme moi ?

EUTHYPHRON. Oui, je le crois.

SOCRATE. Tâche donc de m'apprendre, à ton tour, quelle partie du juste est le saint, afin que je signifie à Mélitus qu'il cesse d'être injuste à mon égard, et de m'accuser d'impiété.

. . . .

EUTHYPHRON. Ce que je puis te dire en général, c'est que la sainteté consiste à se rendre les dieux favorables par ses prières et ses sacrifices, et qu'elle conserve les familles et les cités ; que l'impiété consiste à faire le contraire de ce qui peut plaire aux dieux, et qu'elle peut détruire tout.

. . . .
. . . .

SOCRATE. Sacrifier, n'est-ce pas donner aux dieux, et prier, n'est-ce pas leur demander ?

EUTHYPHRON. Fort bien, Socrate.

SOCRATE. Il sort de ce principe que la sainteté consiste à savoir les demandes et les dons qu'il faut faire aux dieux.

EUTHYPHRON. Tu as parfaitement compris ma pensée, Socrate.

SOCRATE. C'est que je suis amoureux de ta sagesse, mon ami, et que je m'y applique tout entier. Ne crains pas que je laisse tomber une seule de tes paroles. Dis-moi donc quel est l'art de servir les dieux : c'est, selon toi, l'art de leur donner et l'art de leur demander.

EUTHYPHRON. Oui, selon moi.

SOCRATE. Or, bien demander, n'est-ce pas leur demander ce que nous avons besoin de recevoir d'eux?

EUTHYPHRON. Et que serait-ce donc!

SOCRATE. Et bien donner, n'est-ce pas leur donner en échange les choses qu'ils ont besoin de recevoir de nous? Car, il ne serait pas fort habile de donner à quelqu'un ce dont il n'aurait aucun besoin.

EUTHYPHRON. Tu dis la vérité, Socrate.

SOCRATE. La sainteté, Euthyphron, est donc une espèce de trafic entre les dieux et les hommes?

. . . .

EUTHYPHRON. Je suis pressé en ce moment, et il est temps que je te quitte.

SOCRATE. Que fais-tu, mon ami, ton départ me prive

de ma plus douce espérance ; car je m'étais flatté qu'après avoir appris de toi ce qu'est la sainteté et son contraire, je me délivrerais de la poursuite de Mélitus, en lui faisant voir qu'Euthyphron m'avait instruit dans les choses divines, et que l'ignorance ne me ferait plus agir témérairement ni innover sur ces matières, mais que dorénavant j'aurais une conduite plus sage. »

Le dialogue qui précède, et que je vous remercie de m'avoir fait relire, prouve, ô Mélitus, que la question qui se débat entre nous est d'origine ancienne et n'a pas, depuis 2200 ans, beaucoup avancé vers sa solution. La mesure précise, la balance exacte dont Socrate déplorait l'absence et dont je constate la nécessité, serait encore à trouver, si la raison démontrée par le raisonnement n'était pas cette balance exacte, cette mesure précise. Mais la preuve évidente, palpable, que cette mesure, que cette balance que je propose est bien la seule qui soit juste, la seule qui doive être adoptée, ressort du jugement même et de la condamnation de Socrate.

Quel était le crime de Socrate, accusé par Mélitus, Anytus et Lycon? Le crime de Socrate était de n'avoir qu'une foi suspecte dans les dieux de l'État, de ne croire qu'imparfaitement à la divinité officielle de Jupiter et de Junon. Qu'avaient à faire Lycon, Anytus et Mélitus? Au lieu d'accuser Socrate devant le tribunal des héliastes, ils n'avaient qu'à le confondre, ils n'avaient qu'à le réfuter, ils n'avaient qu'à démontrer la divinité de Junon et de Jupiter. Socrate, j'en conviens, ô Mélitus, eût été certainement par vous confondu et condamné au silence par l'impuissance de répliquer, mais, du moins, il n'eût pas été condamné par les héliastes à mourir empoisonné par la ciguë. A quoi a servi sa mort? A-t-elle sauvé Jupiter et Junon? Elle n'a pas même servi à préserver de l'exil Anytus, l'ami qui s'était fait avec vous, ô Mélitus, l'un des trois accusateurs de Socrate. Mais qu'importe, direz-vous, qu'elle ait été inutile, si elle a été juste. Or, de l'aveu même de M. Cousin, traducteur de Platon, la mort de Socrate a été juste, car voici en quels termes il réhabilite Anytus et justifie l'aréopage:

« Comme plaidoyer, comme défense négative, on

ne peut nier que l'apologie de Socrate ne soit très faible. C'est qu'elle ne pouvait guère ne pas l'être, que *l'accusation était fondée,* et qu'en effet, dans un ordre de choses dont la base est une religion d'État, on ne peut penser comme Socrate de cette religion, et publier ce qu'on en pense, sans nuire à cette religion, et par conséquent sans troubler l'État et provoquer à la longue une révolution; et la preuve en est que, deux siècles plus tard, quand cette révolution éclata, ses plus zélés partisans, dans leurs plus violentes attaques contre le paganisme, n'ont fait que répéter les arguments de Socrate dans l'*Euthyphron*. On peut l'avouer aujourd'hui, Socrate ne s'éleva tant comme philosophe que précisément à condition d'être *coupable comme citoyen*, à prendre ce titre et les devoirs qu'il impose, dans le sens étroit et selon l'esprit de l'antiquité.

" Socrate avait raison : *sa mort était forcée,* et le résultat inévitable de la lutte qu'il avait engagée contre le dogmatisme religieux et la fausse sagesse de son temps. C'est l'esprit de ce temps, et non pas Anytus ni l'aréopage qui a mis en cause et condamné Socrate. Anytus, il faut le dire, était un citoyen recommandable; l'aréopage, un tribunal équitable et modéré, et s'il fallait s'étonner de quelque chose, ce serait que Socrate ait été accusé si tard et qu'il n'ait pas été condamné à une plus forte majorité. "

Comment concilier un pareil éloge de la modération de l'aréopage, du caractère d'Anytus, avec cette opinion du même auteur, imprimée dans le même volume de cette même traduction :

" Ce n'est pas dans des dogmes religieux qu'il faut chercher le titre primitif de la légitimité des vérités morales. Ces vérités, comme toutes les autres, se légitiment elles-mêmes et n'ont pas besoin d'avoir d'autre autorité que celle de la raison, qui les aperçoit et qui les proclame. *La raison est à elle-même sa propre sanction.* "

O inconséquence !

Si la raison est à elle-même sa propre sanction, pourquoi lui en chercher une autre hors d'elle-même, que ce tribunal se nomme Aréopage, Caïphe, Peuple, Armée, Saint-Office, Justice exceptionnelle, Jury, Police correctionnelle, Cour d'assises ?

La condamnation de Socrate quatre cents ans avant la naissance de Jésus-Christ, la condamnation de Jésus-Christ quatre cents ans après la mort de Socrate, et seize cent trente-trois ans après cette condamnation la condamnation de Galilée, ne sont-elles pas la condamnation successive et définitive de la force matérielle s'érigeant en juge de la force intellectuelle, de la raison collective s'érigeant en juge de la raison individuelle, du glaive s'érigeant en juge du verbe, de l'autorité, enfin, telle que vous la déifiez, s'érigeant en juge de la liberté, telle que je la revendique ?

Quelle plus éclatante condamnation vous faut-il donc ?

Rendre à jamais impossibles, dans l'avenir, de pareils jugements : voilà le but que je poursuis, but en travers duquel vous êtes venu vous jeter, ô Mélitus, ô Malchus, ô Sulpicius !

Vous prétendez que la négation de tout pouvoir est la vérité axiomatique que je proclame et dont je poursuis le triomphe.

Vous vous trompez !

En matière de pouvoir, nul n'est plus absolu que moi ; je suis plus absolu que vous ; je vais si loin que je n'admets pas le pouvoir exécutif borné par le pouvoir législatif, ni le pouvoir spirituel borné par le pouvoir temporel, démarcations presque unanimement consacrées ; je laisse le pouvoir *indivis*, je laisse le pouvoir *individuel* se limiter d'eux-mêmes ; je les veux distincts, mais entiers.

Je veux le pouvoir *indivis* aussi entier qu'en Russie dans l'exercice de ses attributions, je veux le pouvoir *individuel* aussi entier qu'aux États-Unis dans le développement de son action.

Prétendez-vous que le pouvoir *indivis* et que le pouvoir *individuel* ne sauraient coexister ainsi? Soutenez donc alors que deux lignes parallèles ne sauraient être de même longueur sans se confondre ou se rencontrer !

Cette distinction entre le pouvoir *indivis* et le pouvoir *individuel*, tirée de la nature même des choses, fondée sur l'observation, vérifiée par le raisonnement en attendant qu'elle soit sanctionnée par l'expérience, a un avantage décisif qui la recommande : c'est d'ôter toute importance à la question de forme de gouvernement : héréditaire ou élective, monarchique ou républicaine ;

c'est de mettre un terme à la lutte et à l'existence des partis politiques.

Vous vous étonnez qu'admettant les lois de l'ordre matériel parce qu'elles sont irrésistibles, je n'admette pas les lois morales parce qu'elles sont transgressibles. En effet, c'est parce qu'elles sont transgressibles et variables, temporaires et locales, que je ne les admets pas au rang de lois naturelles, éternelles, universelles. Une loi transgressible est une loi factice. Que deviendrions-nous tous si une seule planète pouvait sortir de son orbite? Votre objection, empruntée à l'artilleur qui pointe sa pièce, est un coup de canon tiré à poudre ; il ne porte pas. Est-ce que la résistance des milieux n'est pas une loi de même nature que l'élasticité des métaux? La preuve que la résistance des milieux est une loi, c'est que vous prenez vous-même la peine de constater que l'artilleur en tient compte.

La loi naturelle, éternelle et universelle, constitutive, distinctive et dynamique de l'homme, c'est la raison; la loi de la raison, c'est la logique ; la loi de la logique, c'est la vérité, comme le nord est la loi de la boussole.

La réciprocité, oui ou non, est-elle vraie, est-elle logique, est-elle raisonnable? Vous ne sauriez le contester sans renier le précepte évangélique : « Ne fais pas à autrui ce que tu ne voudrais pas qu'il te fît. Fais constamment aux autres le bien que tu voudrais en recevoir. »

Que me parlez-vous de Catilina et de Régulus! Si la loi de réciprocité avait été observée, si les hommes ne s'étaient jamais battus et avaient toujours raisonné, Catilina n'eût pas livré bataille devant Rome à Pétréius, et Régulus ne fût pas tombé dans les mains des Carthaginois.

Que me parlez-vous d'enfant adultérin et de fidéicommis! Sous le régime de la puissance individuelle, il n'y a point de puissance indivise qui classe contre nature les enfants en deux catégories : *enfants hors la loi* et *enfants selon la loi*. Avocat de l'ordre universel et de la raison de Dieu, trouvez-vous donc juste que l'enfant innocent de sa naissance en soit réputé coupable?

Que me parlez-vous de fraude quand c'est vous

qui y provoquez, quand c'est vous qui commencez par en donner l'exemple ? Pourquoi un fidéicommis lorsque l'on n'a rien à cacher, rien à éluder ? Est-ce que le fidéicommis tacite n'est pas une fraude de la loi ? Est-ce que le fidéicommis ne dérive pas du droit romain et ne doit pas son origine au désir d'éluder, de frauder la loi *Voconia*, qui défendait d'instituer héritières les filles ou les femmes, dont cette loi voulait restreindre les richesses afin d'arrêter les progrès du luxe ? Qu'il ne se fabrique point de lois factices, et toutes ces combinaisons dangereuses qui donnent à l'esprit de cupidité tout ce qu'elles ôtent à l'esprit de réciprocité rentreront dans le néant, d'où il eût été désirable qu'elles ne sortissent jamais. La réciprocité étant la clé de voûte de l'ordre rationnel, si vous êtes un homme raisonnable, non, vous n'ébranlerez pas l'édifice qui vous abrite ; non, vous ne fausserez point de vos propres mains la règle qui devra vous servir à chaque heure du jour, à chaque action de votre vie. Pourquoi donc n'aurait-on pas autant de confiance dans la raison de l'homme que dans sa conscience ? Est-il donc plus difficile d'éclairer l'une que d'éclairer l'autre ?

Tu honoreras ton père et ta mère vous paraît un principe aussi vrai, aussi absolu dans l'ordre moral que cet autre principe : *Le tout est plus grand que la partie*, est vrai et absolu dans l'ordre matériel.

Mais, si j'ai deux pères : un père réel qui ne soit pas mon père légal, et un père légal qui ne soit pas mon père réel, lequel de ces deux pères devrai-je honorer ? et quel respect devrai-je à ma mère, si les tourments causés par la rivalité de mes deux pères, l'un fictif, l'autre effectif, étouffent en elle le sentiment de la maternité, et si elle finit par me haïr et m'éloigner ?

O mon contradicteur, qui croyez si fermement à la conscience humaine et à l'ordre universel, expliquez-moi donc comment, sous notre régime, qui compte une milice ecclésiastique si nombreuse, une église dans chaque commune, un confessionnal et une chaire dans chaque église, des tribunaux de tous degrés, une échelle des peines encore si longue, il existe tant d'enfants, les uns qui ont deux pères, et les autres qui n'en ont aucun?

III.

Nous appartenons, dites-vous, à deux écoles opposées : vous, à l'école qui poursuit le progrès sous l'empire et dans la limite de la loi morale ; moi, à l'école qui poursuit le progrès sans autre guide et sans autre règle que la raison de l'homme.

Il ne tient qu'à vous que je déserte mon école pour passer dans la vôtre. Elle n'a qu'à accomplir en tous points sa loi morale. Qui l'empêche de l'appliquer? Les défenseurs de l'autorité n'en sont-ils pas les détenteurs? N'ont-ils pas dans les mains, depuis des siècles, tous les pouvoirs : pouvoir légal, pouvoir judiciaire, pouvoir militaire? Et d'ailleurs, d'où leur viendrait la résistance? Certes, elle ne leur viendrait pas du peuple, car il n'aurait qu'à gagner à l'accomplissement de la loi évangélique, fidèlement observée, sans aucune exception fondée sur aucun prétexte. C'est tout ce que le peuple demande ; il n'a jamais demandé rien de plus à aucun des révolutions auxquelles il a servi d'instrument, révolutions qu'il eût été si facile de prévenir. Pourquoi ne les avoir pas prévenues ? Prévenir les révolutions est plus sage et moins vulgaire que d'en médire. Je les déplore, mais je n'en médis pas. J'en reconnais la légitimité en même temps que la stérilité. Lorsque l'aveuglement, l'abus, le privilége, l'iniquité, l'arbitraire, l'oppression, la dilapidation, la prévarication, ont comblé la mesure, lorsqu'elle déborde, que peut et que doit tenter la multitude écrasée sous le fardeau pour en alléger le poids ? Seriez-vous de l'avis de Leibnitz, et proposeriez-vous de reconnaître aux papes, implorés par les peuples, le droit de déposer les rois ? Faire, ainsi que vous le faites, la leçon aux peuples sur l'ardeur immodérée de jouir, sur l'oubli et le dédain des croyances les plus saintes, est certes d'un grand cœur, mais faire la leçon aux rois, leur rappeler qu'étant les premiers de tous, ils doivent être les serviteurs de tous, ne serait pas d'un cœur moins grand, je vous l'assure. Pensez-vous donc que les rois sont ce que l'Évangile leur prescrit d'être? Pensez-vous donc qu'ils donnent aux peuples l'exemple de toutes les vertus que vous prêchez à ceux-ci? Si les rois ne donnent pas cet exemple, à qui appartient-il plus qu'à eux de le donner? Sont-ils l'équité, la charité, l'humilité, la miséricorde assises sur le trône? Combien saint Louis, parmi ses successeurs, a-t-il, — nommez-les-moi, — compté d'émules?

Je me borne à vous poser rapidement cette courte question, car je n'ai pas plus de goût pour les déclamations contre les gouvernements que je n'ai d'estime pour les déclamations contre les peuples. La première de vos trois graves accusations formulées, que dis-je! fulminées contre les idées que je m'efforce de rendre simples et de faire prévaloir, c'est qu'elles aboutissent à l'*individualisme universel,* et que « l'individua-
» lisme universel, c'est le *principe révolution-*
» *naire* dans sa génération directe, dans sa
» formule véritable ; c'est l'omnipotence de

» l'homme, conséquemment le libre et plein es-
» sor de tous ses instincts, de tous ses senti-
» ments, de tous ses intérêts, de toutes ses pas-
» sions, l'antagonisme des personnalités, l'état
» de nature, le chaos, l'anarchie. »

L'*individualisme rationnel* est, en effet, à l'*ordre universel*, tel que je le comprends, ce que la base d'un édifice est à son faîte. Lorsque vous reprochez au droit individuel d'être « *le droit humain* », vous vous méprenez : s'il y a un droit divin, c'est le droit individuel.

L'individu fait la société, mais il ne se fait pas ; donc, opposant le droit individuel au droit social, il serait plus vrai de dire :

Le droit individuel est le droit divin ;

Le droit social est le droit humain.

Conséquemment, le droit que vous attaquez est supérieur au droit que vous défendez, et il le prouve partout, ne fût-ce que relativement, où il est libre de s'exercer.

Quel peuple, quel pays, ont fait, en moins de temps, et sans révolutions, de plus rapides progrès que les États-Unis ?

Où l'individualisme, cependant, est-il plus entier et plus libre ?

Eh bien ! l'Américain du Massachusetts, du Connecticut ou de New-York a-t-il des instincts plus grossiers, des passions plus désordonnées, des convoitises plus ardentes que le Russe d'Arkangel, de Kalouga ou de Moscou? L'homme-souverain, l'homme-libre aux États-Unis, où l'autorité pèse un poids si léger, vaut-il moins moralement, intellectuellement, physiquement, travaille-t-il moins bien et vit-il moins longtemps que l'homme-sujet, l'homme-serf en Russie, où l'autorité pèse un poids si lourd ?

Vous avez contre vous l'expérience, que j'ai pour moi ! Vous avez, à la fois, contre vous et la république américaine et l'empire russe.

L'homme libre, c'est l'homme raisonnable.

Pourquoi donc l'homme raisonnable ne serait-il pas libre ?

Qui dit raison dit liberté.

Une des objections sur lesquelles vous vous appesantissez complaisamment est celle-ci : « Toute la science de l'antiquité a-t-elle jamais

» pu faire passer dans les mœurs le principe sa-
» cré de l'égalité et de la fraternité humaine? »
Je relève l'objection et j'y réponds : Est-ce qu'avant la célèbre nuit du 4 août 1789, la fraternité humaine, et surtout l'égalité civile, existaient en France? Est-ce que la fraternité et l'égalité existent et sont pratiquées dans aucun des États dont le chef est catholique? Est-ce qu'avant le 24 février 1848 l'esclavage n'existait pas en France? Est-ce qu'il n'existe pas encore en Espagne ? Prétendriez-vous que le mot colonie suffit pour justifier ce que réprouvent, je me sers de vos propres expressions, « l'apparition » de la *loi éternelle*, l'inflexible prescription du » *devoir ?* »

Prescription singulièrement *inflexible* que celle que je vois fléchir partout! Loi étrangement *éternelle* que celle que je ne vois régner nulle part! Entre le serf et le seigneur russe, entre l'esclave et le planteur espagnol, que sont vos *rapports nécessaires*, que sont vos lois régissant les *êtres libres?*

IV.

Que signifient, sous votre plume, ces mots : *Etres libres*, puisque vous n'admettez pas le droit individuel et que de l'individualisme rationnel vous faites découler l'anarchie universelle?

Optez donc : ou ne proclamez pas la liberté ou admettez-la ! Vous ne pouvez point commencer par la nier et finir par l'admettre; vous ne pouvez point commencer par l'admettre et finir par la nier !

Qu'importe que Socin ait nié Luther, qui avait nié l'Église ! Qu'importe que les uns proposent l'association intégrale, la liberté de tous les essors passionnels, la réhabilitation de la chair, tandis que d'autres placent le salut de l'humanité dans l'exercice direct de la souveraineté du peuple et la suppression des gouvernements ! Qu'importe que ceux-ci préfèrent l'organisation du travail, la communauté universelle, tandis que ceux-là prônent le morcellement indéfini, l'individualisation systématique! L'expérience n'est-elle pas là pour montrer de quel côté serait l'erreur, de quel côté serait la vérité, ce qui serait chimérique et ce qui serait praticable, ce qui serait un pas en arrière vers l'état de barbarie et ce qui serait un nouveau progrès dans les voies de la civilisation ?

Quel que soit le mode essayé, à la seule condition que la force matérielle n'ait pas d'autre rôle que celui d'agent mécanique mis en œuvre par la force intellectuelle, est-ce que le lien de la mère à l'enfant et de l'enfant à la mère, ce véritable rapport nécessaire, en sera moins étroit ? Est-ce que le travail discontinuera d'être la loi absolue de toute société progressive? Le travail pourra être de moins en moins pénible, mais ce sera pour devenir de plus en plus actif. O maternité ! ô travail ! il n'est pas de doctrines sociales dont vous ayez jamais à redouter le triomphe, car toutes se briseraient contre vous, si elles s'y heurtaient !

Sans la maternité, l'humanité n'est plus que le néant.

Sans le travail, la société n'est plus que la barbarie.

La famille, dont vous faites une loi primordiale, n'est qu'une conséquence de la maternité.

La propriété, dont vous faites une loi primordiale, n'est qu'une conséquence du travail.

Est-ce que, de notre temps, la famille et la propriété sont ce qu'elles étaient, je ne dirai pas dans l'antiquité, mais sous le régime de la féodalité?

La constitution de la famille et de la propriété n'est donc point immuable, elle change donc!

Le nierez-vous? On ne peut nier l'évidence. Le fait accompli porte en lui-même sa preuve.

Où serait l'anarchie lorsque tout homme, en pleine possession de ses facultés mentales cultivées par l'instruction, développées par l'exercice, mûries par l'expérience, aurait le droit de vivre selon sa foi ou selon sa raison?

De quel droit supérieur au sien, un autre homme l'en empêcherait-il?

De quel droit le catholique asservit-il le protestant ?

De quel droit le protestant asservit-il le catholique ?

De quel droit le fonctionnaire russe asservit-il le seigneur polonais ?

De quel droit à son tour, en Pologne, le seigneur asservit-il le paysan ?

De quel droit le capital prétendrait-il asservir le travail ?

De quel droit le travail prétendrait-il asservir le capital ?

Avec quel fer brûlant vous flétrissez l'aspiration de l'homme au bien-être !

Si le bien-être ne pouvait s'acquérir que par le travail, où serait pour la société le danger que le bien-être fût, sur la terre, le but de tous les efforts de l'homme ?

Qu'est-ce que l'homme qui, dans un état civilisé, n'a point le bien-être ?

Socialement, ce n'est plus ou ce n'est pas encore un homme.

Il ne vit pas ; il croupit.

Le besoin l'abrutit.

La misère l'asservit.

La saleté, l'insalubrité, la promiscuité, logent sous son toit.

S'il a une vieille mère, pauvre ou infirme, comment la soigner ?

S'il a une femme malade ou en couches, comment la secourir ?

S'il a des enfants en bas âge, comment les nourrir ? comment les élever ? comment les instruire ?

S'il est le père d'une jeune fille et que cette fille soit séduisante, comment l'empêcher d'être séduite par le maître dont elle sera la servante, ou par le fabricant dont elle sera l'ouvrière ? comment la soustraire au recrutement de la prostitution ?

Comment échapper à l'entraînement de cabaret, qui fait oublier, dans l'ivresse d'une heure, les privations de la semaine, les luttes intestines du buffet sans pain et du foyer sans feu ?

Comment résister à l'avilissement du salaire, qui baisse dès que les bras s'offrent à lui ?

Si le salaire est insuffisant, comment le travailleur sera-t-il consommateur?

Un homme qui ne consomme pas, c'est un autre homme qui ne travaille pas.

Pour que tous travaillent continuellement, il faut que tous consomment abondamment.

Le bien-être du travailleur est la garantie matérielle de sa valeur morale.

Si ce n'est pas encore le crédit, c'est déjà l'épargne.

C'est l'homme acquérant le respect de lui-même et l'imposant, autour de lui, à sa femme, à ses enfants; c'est sa mère heureuse et fière.

C'est le cabaret sans pratiques.

C'est l'hôpital sans malades.

Et vous jetez l'injure au bien-être?

Qui êtes-vous donc, monsieur, pour en médire et l'outrager?

Êtes-vous si charitable que vous donniez tout ce que vous possédez?

Êtes-vous si humble que, la misère étant la loi du plus grand nombre, vous ne veuillez pour vous-même d'autre loi?

Il est facile, mais vulgaire, de déclamer contre la convoitise de ceux qui manquent de tout, lorsque, soi, on ne manque de rien. Il est facile d'être satisfait pour les autres. Puisque vous vous attendrissez sur la société sapée dans ses fondements depuis plus de *trois siècles*, c'est apparemment que vous regrettez la chute de cette société, et que vous en souhaitez le rétablissement, tel qu'elle existait avant l'an 1500, avant l'imprimerie, avant Luther.

Sans remonter plus haut que le règne de Charles VI, jetez donc avec moi un coup d'œil rapide sur la société existant, en France, à cette époque :

La minorité de Charles VI, en proie aux rivalités de trois oncles paternels, est le règne des déprédations. Juifs, fermiers, receveurs sont massacrés. Le vertueux avocat-général Desmarets est traîné à l'échafaud comme complice des séditions auxquelles, au contraire, il avait opposé l'autorité de sa vertu. Isabeau, reine de France, a pour amant son beau-frère le duc d'Orléans. Le connétable de Clisson est assassiné par Craon. Deux papes se disputent la tiare : Benoît, pape de Rome, prétend que Dieu a ôté la raison au roi Charles VI parce qu'il a soutenu l'antipape d'Avignon ; Clément, pape d'Avignon, déclare que le roi a perdu l'esprit parce qu'il n'a pas détruit l'antipape de Rome. Le duc de Bourgogne, rival du duc d'Orléans, marche sur Paris ; la reine Isabeau et le duc d'Orléans fuient à Melun ; le duc d'Orléans, assassiné, est remplacé près de la reine par le grand maître d'hôtel Boisbourdon, surpris à Vincennes avec elle, en flagrant délit d'adultère ; Boisbourdon chargé de fers, appliqué à la torture, révèle tout ; il est précipité dans la Seine pendant la nuit, enveloppé d'un sac de cuir avec cette inscription : *laissez passer la justice du roy.* Isabeau, captive à Tours, délivrée par le duc de Bourgogne, crée un parlement, et fait graver un sceau qui la représente ayant les bras étendus vers la France qui l'implore ; elle établit sa cour et son parlement à Troyes ; le duc de Bourgogne s'introduit dans Paris et y ramène la reine Isabeau ; les armagnacs sont massacrés ; les rues, encore teintes de sang, sont jonchées de fleurs ; le roi Charles VI, qui a banni la reine Isabeau, la reçoit avec la plus apparente effusion. La France, déchirée par la guerre civile, est en proie aux étrangers. Les Anglais s'emparent du duché de Normandie ; ils marchent sur Paris. A leur approche, la reine et le duc de Bourgogne, traînant le roi Charles VI à leur suite, s'enfuient à Troyes. Le duc de Bourgogne, flottant entre les Anglais et le parti du dauphin, est assassiné à Montereau par les armagnacs. C'est le troisième de ses amants que la reine Isabeau voit ainsi périr. Furieuse de cette mort, elle traite dans les intérêts de Henri V, roi d'Angleterre, pour lui livrer la France. Un traité est signé en 1420, par lequel il est réglé qu'Henri V épousera Catherine, fille de Charles VI et d'Isabeau de Bavière, et qu'après la mort du roi il succèdera à la couronne ; qu'en attendant il gouvernera la France en qualité de régent. Ce renversement des lois fondamentales est consacré par le parlement. Les deux rois et la reine font leur entrée à Paris ; ils y sont reçus avec magnificence ; le dauphin, déclaré coupable

de l'assassinat du duc de Bourgogne est exclu de la couronne. Sous ce règne, il y a deux rois, deux régents, deux connétables, deux chanceliers; ce n'est pas l'anarchie et l'assassinat dans la rue, mais c'est l'assassinat et l'anarchie dans le palais. Qu'en pensez-vous? Que pensez-vous de ce régime ainsi résumé par Chateaubriand : « On
» voit marcher, tantôt séparés, tantôt confon-
» dus dans ce siècle, les forfaits et les amours,
» les fêtes et les massacres, l'histoire et le ro-
» man, tous les désordres d'un monde réel et
» d'un monde fictif : l'imagination entrant dans
» les crimes, les crimes dans l'imagination. »

Charles VI meurt le 21 octobre 1422, laissant Paris aux mains du duc de Bedford et au pouvoir des Anglais; le dauphin, son fils, exclu du trône comme auteur de l'assassinat du duc de Bourgogne, est proclamé roi à Espally; de 1422 à 1429, son règne ne se compose que d'une succession de revers; les Anglais l'appellent dérisoirement, *le petit roi de Bourges ;* au moment de s'enfuir en Provence, il est miraculeusement sauvé par une fille du peuple, par Jeanne

d'Arc. Comment s'acquitte-t-il envers elle de cette dette sacrée? En la laissant condamner et brûler comme sorcière, sans même tenter de la venger ! Agnès Sorel lui fait oublier Jeanne d'Arc. Le dauphin, qui sera Louis XI, cantonné dans le Dauphiné, y vit tantôt en révolte ouverte, et tantôt en conspiration secrète. Le duc d'Alençon, prince du sang, est condamné à mort. Charles VII, dans la crainte d'être empoisonné par son fils, se laisse mourir de faim ! Il meurt le 22 juillet 1461, après avoir régné trente-neuf ans. Chateaubriand résume ainsi ce règne : « Du
» point où la société était parvenue sous Char-
» les VII, il était loisible d'arriver également à
» la monarchie libre ou à la monarchie absolue ;
» on voit très bien le point d'intersection, mais
» la liberté s'arrêta et laissa marcher le pou-
» voir. La cause en est qu'après la confusion
» des guerres civiles et étrangères, qu'après les
» désordres de la féodalité, le penchant des
» choses était vers l'unité du principe gouverne-
» mental. » De ce règne, où la France, perdue, vendue par ses rois, est sauvée, rachetée par

une fille du peuple, accusateur des peuples, défenseur des rois, qu'avez-vous à dire?

Louis XI succède à son père Charles VII, dont il a abrégé la vie par la crainte de l'empoisonnement. Crainte non dénuée de fondement, car Louis XI empoisonne son frère, le duc de Guienne, « lorsqu'il y pensait le moins, priant » la vierge sa bonne dame, sa petite maistresse, » sa grande amie, de lui obtenir son pardon(1). » Après le traité de Conflans, il fait jeter dans la rivière plusieurs bourgeois de Paris, soupçonnés d'être partisans de son ennemi ; on les lie deux à deux dans un sac. Les chroniques du temps comptent quatre mille sujets exécutés sous son règne, en public ou en secret. Il ordonne que le duc de Nemours soit interrogé dans sa cage de fer, qu'il y subisse la question, qu'il y reçoive son arrêt ; on le confesse ensuite dans une salle tendue de noir ; on place sous l'échafaud, dans les halles de Paris, les jeunes enfants du duc, afin qu'ils reçoivent sur eux le sang de leur père ; ils en sortent tout couverts, et en cet état on les

(1) Brantôme.

conduit à la Bastille, dans des cachots faits en forme de hottes, où la gêne que leur corps éprouve est un continuel supplice ; on leur arrache les dents à plusieurs intervalles. « L'idée
» des chaînes et des tortures, dit Chateau-
» briand, était si fortement empreinte dans
» l'esprit de Louis XI que, fatigué des disputes
» des *nominaux* et des *réalistes*, il fait enchaî-
» ner, dans les bibliothèques, les gros ouvra-
» ges des premiers, afin qu'on ne les pût lire.
» Les seigneurs appauvris brocantent leurs plus
» célèbres manoirs ; Louis XI, comme un re-
» grattier de vieilles gloires, maquignonne à
» bas prix la marchandise qu'il ne revend
» plus. » Voltaire complète ces lignes de Chateaubriand, par les lignes qui suivent : « Sous
» Louis XI, pas un grand homme. Il avilit la
» nation. Il n'y eut nulle vertu ; l'obéissance
» tient lieu de tout ; et le peuple fut tranquille
» comme les forçats le sont dans une galère. »
Partisan de l'autorité, est-ce de cette autorité que vous regrettez le règne ?

Louis XI meurt le 30 août 1483, laissant la

couronne à son fils mineur Charles VIII, qu'il avait fait élever loin de la cour sans lui donner aucune instruction : quoique le fils n'eût encore que treize ans, le père avait déjà peur du fils ! Charles VIII monta sur le trône ne sachant ni lire ni écrire. Lorsqu'il meurt le 7 avril 1498, emportant avec lui dans son tombeau le seizième siècle, l'imprimerie, cette diabolique et révolutionnaire invention, n'avait encore servi, de 1457 à 1498, qu'à imprimer des psaumes latins, des épitres de Cicéron et de Pline et la traduction de l'*Amour divin de saint Bonaventure ;* Luther, cet infernal destructeur de toute autorité, né en 1484, n'était pas encore entré chez les Augustins d'Erfurt, et, zélé défenseur de l'autorité du pape, ne se doutait pas qu'il dût se séparer de l'Église en 1516. Par cette rapide esquisse que vous m'avez contraint de faire, qu'on juge si la société vaut moins au dix-neuvième siècle qu'au seizième, et si l'anarchie était moins grande avant qu'après l'apparition de Luther !

Non, non, la société de notre temps ne vaut pas moins qu'en ces temps où la cour, divisée, se composait de deux partis dont l'un était toujours en lutte contre l'autre, où le dauphin donnait l'exemple de la rébellion, où l'adultère était assis sur le trône et l'assassinat sur ses marches, où les parlements reculaient les bornes de la servilité, où la guerre civile entre seigneurs rivaux était l'état normal. Tout votre édifice construit sur une erreur s'écroule dès qu'on le fouille. Quoi que fassent et quoi que disent vos pareils, ô mon contradicteur, pour glorifier le passé, le présent n'a rien à perdre à lui être comparé, et la raison relative que vous attaquez si violemment n'a qu'à gagner à être placée en regard de l'autorité absolue que vous défendez si imprudemment.

Mais j'ai tort de vous le reprocher au lieu de vous en remercier, car on ne saurait mieux que vous condamner la cause qu'on défend et servir la cause qu'on attaque.

Maintenant qu'il est démontré que l'anarchie sociale, plutôt en déclin qu'en progrès, depuis trois siècles, n'a point attendu pour naître que l'individualisme rationnel osât s'affirmer, je vais examiner s'il est vrai, ainsi que vous le prétendez, qu'il conduise au despotisme universel.

V.

Pour que l'individualisme rationnel conduisît au despotisme universel, il faudrait que celui-ci ne régnât pas, et que celui-là régnât. Or, c'est positivement le contraire qui a lieu. Où l'omnipotence gouvernementale ne règne-t-elle pas? où l'omnipotence individuelle règne-t-elle? On ne crée pas ce qui existe. Le danger dont vous vous effrayez est donc un danger que vous imaginez.

Je vous accorde que la *force* était la loi de l'ancien monde; mais est-il vrai que le *droit*, c'est-à-dire l'annihilation de la force par la raison, soit la loi du monde moderne? Est-il vrai que la force soit bannie de l'ordre civil, bannie de l'ordre religieux, bannie de l'ordre politique? Est-il vrai que la force soit vaincue dans la main des rois, et qu'elle ne soit plus menaçante que dans la main des peuples? C'est ce que je nie formellement. Est-ce que ce n'est pas encore et toujours le règne de la force lorsque la loi, au lieu d'émaner d'elle seule et de sa seule nécessité, émane de la volonté d'un monarque ou du vote d'une assemblée? Est-ce que, si cette assemblée, si ce monarque, ont tort, ma raison, quoiqu'ayant de son côté la certitude, l'évidence, ne sera point tenue de se soumettre à la leur? Or, si cette raison-là n'est pas celle qu'on nomme la raison du plus fort, comment donc l'appelez-vous? Est-ce que j'ai la liberté de professer le culte de ma croyance et de ne point payer le culte de la croyance qui n'est pas la mienne? Est-ce que j'ai la liberté de régler à mon gré le partage de ma fortune acquise par mon travail entre les enfants qui portent mon nom, selon qu'ils se distinguent par leur aptitude ou selon que je pense que je suis le père des uns et que je ne suis pas le père des autres? Est-ce que la loi qui, en matière de partage par le fait de succession, prescrit l'égalité, est plus fondée en raison que la loi qui avait établi l'inégalité? Toute loi qui est la raison présumée et imposée, au lieu d'être la raison éprouvée et appliquée, a besoin de la sanction de la force ; cela seul suffit pour qu'elle soit la force et ne soit pas la raison.

Ce langage que je vous tiens, c'est celui que je tiendrais à Baruch Spinosa, à Jean-Jacques Rousseau et à Pierre Jurieu, dont vous invoquez les noms et citez les paroles. Peu m'importe qui commet une usurpation ! L'usurpation du pouvoir démocratique sur le pouvoir individuel n'est pas plus légitime à mes yeux que la même usurpation commise par le pouvoir aristocratique ou par le pouvoir autocratique. C'est là précisément ce qui me tient à égale distance du *parti révolutionnaire* et du *parti conservateur,* que vous dites exister sous des noms différents dans toutes les sociétés. En réalité, je n'appartiens pas plus au parti révolutionnaire qu'au parti conservateur, et je n'appartiens pas moins au parti conservateur qu'au parti révolutionnaire. Député, tous mes votes ; publiciste, tous mes écrits ; citoyen, tous mes actes, avant comme après la révolution de 1848, sont là pour l'attester. Si j'appartenais à un parti, ce serait à ce troisième parti, à ce parti neutre qu'on pourrait nommer ou *parti réformateur*, car, au nom du progrès, il cherche sans interruption à prévenir les révolutions par les réformes, ou *parti médiateur*, car, au nom de la raison, il s'applique sans relâche à faire tomber de la main des peuples et de la main des gouvernements les armes que trop souvent ils ont tournées les uns contre les autres. Direz-vous que le parti réformateur et le parti révolutionnaire ne sont qu'un seul et même parti sous deux noms différents? Prenez garde! car ce serait avouer, ce serait déclarer que le parti conservateur est l'ennemi systématique de toute réforme, de tout progrès; que c'est la pétrification du passé et la déification de l'immobilité.

C'est précisément parce que je ne saurais admettre, ni avec Spinosa, le droit qu'il attribue à une assemblée d'*imposer ses ordres même les plus absurdes*; ni avec Rousseau, le droit qu'il attribue *au peuple de faire tout ce qu'il veut*; ni avec Jurieu, le droit qu'il attribue au peuple d'être dispensé d'*avoir raison pour valider ses actes ;* c'est précisément parce que je repousse toute tyrannie, soit populaire, soit héréditaire, exercée soit au nom de la liberté, soit au nom de l'autorité, que j'insiste sur la séparation rationnelle et nécessaire de l'*individuel* et de l'*indivis*, ces deux lignes parallèles qu'il suffit de tracer pour résoudre tous les problèmes, faciliter tous les progrès et détruire dans leur cause toutes les révolutions.

La séparation entre l'*individuel* et l'*indivis* est la conséquence de ce principe proclamé par l'auteur de la *Législation primitive*, par M. de Bonald : *L'homme pense sa parole avant de parler sa pensée.* Si la pensée de l'homme est inviolable, sa parole doit l'être, et si celle-ci n'est pas inviolable, pourquoi celle-là le serait-elle ? Il faut, sous peine d'inconséquence, opter entre l'inviolabilité de la parole ou l'inquisition de la pensée.

Lorsqu'on range, monsieur, la paix universelle et perpétuelle au nombre des illusions d'enfant, il ne faudrait pas, soit dit en passant, tomber dans des contradictions d'avocat telle que celle qui consiste à condamner la force et à absoudre la guerre. Est-ce que la guerre n est pas la lutte de la force contre la force? Est-ce que la guerre peut être juste d'un côté sans être injuste de l'autre? Est-ce que la guerre peut être juste des deux côtés? Est-ce que le sang qu'un souverain belliqueux fait couler sur les champs de bataille pour étendre son empire, repaître son ambition, satisfaire son orgueil, vider une querelle ou venger une offense, est moins précieux et moins pur que le sang qu'un peuple exaspéré verse dans les rues pour se relever du mépris qu'on fait de lui, alléger ses charges, ou conquérir les garanties qui lui manquent? Est-ce que les guerres de souverain à souverain engendrent moins d'excès, entassent moins de ruines que les guerres de peuple à gouvernement? Est-ce que guerres intestines et guerres internationales ne méritent pas, les unes et les autres, l'égale réprobation de quiconque pense que les hommes doivent raisonner toujours et ne se battre jamais? Pourquoi la raison aurait-elle moins de droits de souverain à souverain que de peuple à gouvernement? Pourquoi les rois seraient-ils

dispensés de la raison dont seraient tenus les peuples? J'ai sous les yeux un relevé détaillé duquel il ressort que dans une période historique de deux mille six cent quinze années on ne compte que deux cent vingt-deux années de paix, soit une année de paix sur dix années de guerre, et qu'on ne saurait évaluer à moins de cent cinquante millions le nombre des hommes moissonnés par la guerre d'État à État : si ce n'est pas pour être les pacificateurs des peuples, à quoi servent rois? Je pense comme Francklin, qui disait : « Un voleur de grand chemin qui commet des
» vols en troupe est aussi voleur que quand il
» vole seul, et une nation qui fait une guerre
» injuste n'est qu'une grande bande. Quand
» vous aurez employé votre peuple à piller les
» Hollandais, est-il étrange que, mettant un
» terme à ce brigandage, ils continuent chez
» eux le même métier et se volent les uns les
» autres? »

Mais où donc est la preuve que vous aviez promis de faire, que l'individualisme rationnel conduit de l'anarchie sociale au despotisme universel?

16.

Cette preuve, annoncée avec tant d'éclat, je la cherche en vain.

Vous qui êtes intervenu dans un débat entre deux écrivains qui se proposent la liberté pour but, mais par deux chemins différents, où donc avez-vous jamais lu, dans tout ce que j'ai écrit — citez-la — une seule phrase de moi qui fût la glorification de l'omnipotence populaire, la justification des moyens par la fin, la revendication de la responsabilité indéfinie de la société, et enfin, la préférence donnée à l'esprit de révolution sur l'esprit de progrès? Quels arguments nouveaux votre longue discussion a-t-elle ajoutés aux arguments de M. de Lourdoueix? Quelle clarté êtes-vous venu jeter sur l'obscurité de cette loi que vous appelez la *loi morale*, et dont le texte et les prescriptions se dérobent à toutes les recherches? Ce texte, quel est-il? Ces prescriptions, quelles sont-elles? Est-ce le Décalogue, s'exprimant ainsi :

5. " Vous ne ferez point d'image taillée, ni aucune figure de ce qui est en haut dans le ciel et en bas sur la terre, ni de tout ce qui est dans les eaux, sous la terre. "

6. " Vous ne les adorerez point et vous ne leur rendrez point le souverain culte, car je suis le Seigneur votre Dieu, le Dieu fort et jaloux, *qui venge l'iniquité des pères sur les enfants, jusqu'à la troisième et quatrième génération, dans tous ceux qui me haïssent.* "

Est-ce le précepte suivant de l'évangile selon saint Matthieu :

" Faites constamment aux autres le bien que vous voudriez en recevoir, car ceci est la loi et les prophètes. "

Si toute la loi morale est dans ce précepte de l'Évangile, pourquoi ne pas s'en tenir à cette loi? Pourquoi d'autres lois qui la contredisent, la faussent, la dénaturent? Où règne la vérité, quelle raison d'exister a l'autorité? Est-ce que c'est par ordre de l'autorité, ou en vertu d'une loi votée par une assemblée, que les trois angles d'un triangle sont égaux à deux droits? Soyez donc conséquent! Vous ne l'êtes pas. Il faut opter, ô mon contradicteur, entre l'autorité sociale, dont vous vous êtes constitué l'avocat, et la loi morale, dont vous vous érigez le treizième apôtre!

Celle-ci exclut celle-là.

Si les hommes sont frères, tous sont égaux ; s'ils sont inégaux, tous ne sont pas frères.

Votre autorité sociale est la négation de votre loi morale ; votre loi morale est la négation de votre autorité sociale.

Mettez-vous donc d'accord avec vous-même !

ÉMILE DE GIRARDIN.

A M. DE GIRARDIN.

VI.

Si vous aviez cru devoir citer mes paroles avant de me combattre, nos lecteurs communs eussent été nos juges naturels, et j'aurais, pour mon compte, accepté sans mot dire leur décision souveraine. C'est parce qu'il n'en a pas été ainsi, c'est parce que vous vous êtes départi avec moi de toutes vos habitudes passées, que je me vois dans la nécessité de protester contre les doctrines *non moins odieuses qu'insensées* que vous m'avez si gratuitement prêtées. Ça n'est plus pour moi une question de raisonnement, c'est une question d'honneur.

Il n'y a pas, dans toutes mes lettres, un seul mot qui ressemble à une *négation des droits de l'individu*.

Il n'y a pas, dans toutes mes lettres, un seul mot qui ressemble à une *injure au bien-être*.

Il n'y a pas, dans toutes mes lettres, un seul mot qui ressemble à une *glorification de l'ancienne société*.

Il n'y a pas, dans toutes mes lettres, un seul mot qui ressemble à un *éloge de la force, et partant de la guerre*.

Vous avez publiquement nié le *droit*, la règle supérieure des actions humaines, l'*autorité morale* dans son essence, d'où relève l'humanité tout entière, peuples et rois.

J'ai cru, et je crois encore, qu'il m'appartient, à moi comme à tout autre, de combattre une erreur publique, que je regarde comme la plus funeste des erreurs modernes, et qui constitue, à mon sens, le fond même de toutes les doctrines révolutionnaires.

J'ai démontré, contre vous, que la négation du *Droit* n'était qu'un écho perdu de la vieille sophistique grecque, battue en brèche, il y a plus de deux mille ans, par l'*ironie socratique*.

J'ai démontré, contre vous, que la négation du *Droit*, en affranchissant la conscience de toute règle obligatoire, menait logiquement à l'individualisme absolu.

J'ai démontré, contre vous, que l'individualisme absolu, en donnant essor à toutes les énergies désordonnées du cœur humain, menait logiquement à l'anarchie générale.

J'ai démontré, contre vous, que l'anarchie générale, en détruisant toute condition d'existence sociale, menait logiquement au despotisme universel.

J'ai démontré, contre vous, que la raison, sans le *droit,* n'ayant qu'une autorité de conseil, et ses prescriptions *n'obligeant point* par elles-mêmes, il fallait de toute nécessité en venir à cette conséquence rigoureuse : ou *le droit obligatoire* pour tous, ou la liberté de tous les crimes et de toutes les iniquités pour tous.

Maintenant, monsieur, écrivez que je n'ai rien prouvé, que je suis en contradiction avec moi-même, à la bonne heure ; vos lecteurs vous croiront sur parole, s'ils le veulent. Mais dire à plus de cinquante mille lecteurs qui ne me connaissent pas que je nie la liberté, que je proscris le bien-être, que je glorifie l'ancienne société, avec ses vices et ses crimes, sans doute ; que je fais l'éloge de la force, etc., c'est positivement affirmer le contraire de ce que j'ai pensé, écrit, publié ; c'est jeter sur mon caractère un discrédit qu'il ne m'est pas possible d'accepter.

BLOT-LEQUESNE.

A M. BLOT-LEQUESNE.

VI.

Ne voulant point rouvrir une discussion fermée, je ne ferai à votre réclamation que la courte réponse qui sera strictement nécessaire pour prouver que les doctrines que vous qualifiez de « *doctrines non moins odieuses qu'insensées* » vous appartiennent légitimement et ne vous ont pas été gratuitement prêtées ; qu'ainsi la *question d'honneur* que vous invoquez se résout contre vous.

Vous prétendez que vous n'avez pas nié les *droits de l'individu*. N'est-ce donc pas nier les droits de l'individu que de lui contester le *droit de rechercher la vérité, d'interroger sa raison, de la prendre pour guide et pour juge,* enfin *de vivre à sa fantaisie ?*

Relisez donc ce que vous avez imprimé en ces termes, que je transcris :

« Descartes dit à l'homme faillible, présomptueux, léger : « *Dans la recherche de la vérité, tu ne dois interroger que ta seule raison,* quelles que soient les traditions, les croyances du genre humain ; *tu ne dois admettre pour vrai que ce qui semble vrai à ta seule raison ; tu n'as de guide, tu n'as de maître, tu n'as de juge que ta seule raison.* » C'était encore, vous le reconnaîtrez, ouvrir le monde philosophique à l'INDIVIDUALISME LE PLUS EFFRÉNÉ. »

« Dissolution, anarchie, tel est le dernier mot de l'individualisme dans l'ordre social.

» Nous savons aujourd'hui tout ce que renferme de puissance dissolvante ce terme mal dissimulé de toutes les révolutions, *le droit pour chacun de vivre à sa fantaisie.* »

Vous prétendez qu'il n'y a pas dans toutes vos lettres *un seul mot qui ressemble à une injure au bien-être*. N'est-ce donc pas injurier le bien-être, auquel a droit tout travailleur, que de qualifier l'aspiration au bien-être de *tentation de l'esprit du mal*, de *convoitise insatiable*, d'*orgueil brutal*, de *haine jalouse et féroce*, de *fièvre des convoitises*, de bien-être *impossible*, et que de lui attribuer *tous les crimes?*

Je transcris encore.

" Quand le peuple eut appris que l'unique fin de l'homme sur la terre était le *bien-être*, alors il demanda pourquoi à quelques-uns toutes les félicités de la vie, à lui les misères et les larmes. Alors il ouvrit son cœur à *toutes les tentations de l'esprit du mal*, à *la convoitise insatiable*, à *l'orgueil brutal*, à la *haine jalouse et féroce*. Alors la société chancela sur sa base; *tous les crimes* et tous les malheurs révolutionnaires étaient conçus.

" Non, non, le mal qui travaille la société n'est pas dans la *misère*, dans l'ignorance, dans la compression, il est dans l'anarchie des intelligences...., il est dans l'orgueil sacrilége de la raison...., il est dans la *fièvre des convoitises*....

" On poursuit sans relâche un *bien-être* IMPOSSIBLE. "

Vous prétendez qu'il n'y a pas dans toutes vos lettres un seul mot qui ressemble à une *glorification de l'ancienne société*. N'est-ce donc pas glorifier l'ancienne société que de montrer les siècles antérieurs au *seizième siècle*, à la naissance de Luther, à l'apparition de Descartes, comme ayant été exclusivement le règne des *vérités sociales*, le règne des *lois primordiales et nécessaires de la société ?* Est-ce qu'on *restaure* ce qui ne mérite pas d'être conservé ?

Je transcris toujours :

« Quelle est maintenant l'*origine* du principe révolutionnaire? Quelle est sa première incarnation? Voyons:

» Au SEIZIÈME SIÈCLE, un novateur fameux (Luther) jeta dans le monde un principe fécond en bouleversements de toutes sortes.

» Au dix-septième siècle, un penseur célèbre (Descartes) tira les conséquences philosophiques contenues dans le principe de Luther.

» J'ai recherché l'*origine* du principe révolutionnaire ou de l'individualisme absolu, je l'ai trouvé dans les audacieuses négations de Luther, de Descartes et de Rousseau élevées à l'état de système.

» Ainsi, la ruine des *vérités sociales* avait suivi de près la ruine des vérités morales. »

« Que pouvaient devenir le pouvoir, la famille, la propriété, c'est-à-dire les *lois primordiales et nécessaires de la société,* au milieu de tant de doctrines diverses, contradictoires, incessamment agitées, discutées, contestées?

« On s'étonne maintenant que la société, sapée dans ses fondements depuis plus de TROIS SIÈCLES, s'écroule d'un côté pendant qu'on la *restaure* de l'autre. »

Vous prétendez qu'il n'y a pas dans toutes vos lettres un seul mot qui ressemble à un éloge de la force et partant de la guerre. N'est-ce donc pas louer la force et la guerre que de railler ceux qui flétrissent la guerre et la force, au lieu de se joindre à eux ?

Je transcris encore et toujours :

« J'admire, monsieur, combien, avec votre brillante intelligence, vous avez encore d'*illusions d'enfant*. Vous croyez à la paix perpétuelle de l'abbé de Saint-Pierre ; vous espérez que, *tôt ou tard*, tout finira dans le monde par un *baiser Lamourette* universel. CE SONT LA DES BUCOLIQUES SOCIALES DIGNES D'UN AUTRE FLORIAN. »

Prétendrez-vous encore, après ces citations que je vous ai fait dire le contraire de ce que vous avez écrit et publié ?

ÉMILE DE GIRARDIN.

CONCLUSION.

> Le progrès des sciences morales ne précède jamais et même ne suit que de très loin celui des sciences physiques et mathématiques et de leurs applications aux arts qui en semblent le plus éloignés.
> DESTUTT DE TRACY.

> In libris enim sententiam dicebamus, concionabamur, philosophiam nobis pro reipublicæ procuratione substitutam putabamus.
> CICÉRON. *De Divinatione.*

> La justice est sujette à disputes ; *la force est très reconnaissable et sans disputes.*
> PASCAL.

Je n'ai point discuté pour prouver que j'avais raison, mais pour vérifier par le raisonnement si j'avais raison ; je n'ai point discuté pour faire triompher mes opinions, mais pour les soumettre à l'épreuve de la discussion, au risque de les voir s'écrouler ; je n'ai point discuté enfin pour discuter, mais pour apprendre.

Qu'ai-je appris ?

Quelle certitude ai-je acquise ?

Quelle conclusion puis-je tirer ?

J'ai lu beaucoup; j'ai lu à peu près tout ce qui a été imprimé sur la matière, objet de ce débat; j'ai appris peu.

En effet, plus on compulse d'ouvrages, plus on interroge d'auteurs pour savoir ce qu'il faut définitivement penser du Droit, de la Justice, de la Raison, de la Conscience, servant de règle aux actions humaines, et moins on sait à quoi s'en tenir exactement sur la valeur de chacun de ces mots, qui ont servi de textes à tant de volumes de gloses.

La certitude que j'ai acquise, c'est qu'il n'y a qu'un seul droit au monde : C'EST LE DROIT DU PLUS FORT.

Platon le reconnaissait en ces termes :

« Dans chaque État, celui qui gouverne n'est-il pas le *plus fort?* — Apparemment. — Chacun d'eux ne fait-il pas les lois à son avantage : le peuple, des lois populaires; le monarque, des lois monarchiques, et ainsi des autres? Et quand ces lois sont faites, ne déclarent-ils pas que la justice pour les gouvernés consiste dans l'observation de ces lois? Ne punissent-ils pas celui qui les transgresse comme coupable d'une action injuste? Voici donc ma pensée : dans chaque État, la justice est l'avantage de celui qui a l'autorité en mains, et par conséquent du *plus fort*. D'où il suit, *pour tout homme qui sait raisonner*, que partout la justice et ce qui est avantageux au *plus fort* sont la même chose. »

Aristote le constatait également ainsi :

« Rien n'est plus difficile que d'arriver à la vérité lorsqu'il s'agit de droit et d'égalité; mais le sort est encore un meilleur juge que la *conscience du plus fort*. Égalité, justice, sont le cri des faibles et le jouet des puissants. »

Jean-Jacques Rousseau n'est que l'écho de Platon et d'Aristote lorsque, devançant la révolution de 1789, il dit :

« L'esprit universel des lois de tous les pays est de favoriser toujours le *fort* contre le faible, et celui qui a contre celui qui n'a rien. Cet inconvénient est inévitable et il est sans exception. »

Malouet n'est que l'écho de Jean-Jacques Rousseau lorsqu'après la révolution de 1789, il monte à la tribune de l'Assemblée nationale pour y faire entendre ces paroles :

« Un droit reconnu n'est rien s'il n'est mis sous la sauvegarde d'une protection suffisante. »

Enfin, de nos jours, M. Guizot n'est lui-même que l'écho de Platon, d'Aristote, de Jean-Jacques Rousseau et de Malouet, dans cet aveu :

« Les droits ne sont rien où n'est plus la *force* de les faire valoir. »

Ainsi, plus de doute, plus de vague, plus d'équivoque : LA FORCE, C'EST LE DROIT; IL N'Y A PAS D'AUTRE DROIT QUE LA FORCE, car ce droit est le seul qui soit inviolable, le seul qui porte en lui-même sa garantie nécessaire et sa sanction efficace.

Si cette conclusion est vraie, *transformer la force* est l'unique objet que doit se proposer l'homme aspirant à s'éloigner de plus en plus de l'état de barbarie, pour s'approcher de plus en plus de l'état de civilisation.

Mais comment la transformer?

En s'appliquant sans relâche et sans exception à ôter en tout et partout à la force matérielle tout ce qu'il sera possible de lui retirer, pour l'ajouter en tout et partout à la force immatérielle.

J'appelle *force matérielle :* toute puissance corporelle, toute puissance numérique.

J'appelle *force immatérielle :* toute puissance intellectuelle, toute puissance scientifique.

J'appelle *force matérielle :* toute loi factice, toute loi à l'accomplissement de laquelle l'évidence de sa nécessité ne suffit pas.

J'appelle *force immatérielle :* toute loi naturelle, toute loi à l'accomplissement de laquelle l'évidence de sa nécessité suffit.

J'appelle *force matérielle* : la force par laquelle l'homme est semblable à l'animal.

J'appelle *force immatérielle* : la force par laquelle l'homme est supérieur à tous les autres êtres animés.

Qu'est-ce que la barbarie?

Qu'est-ce que la civilisation?

La barbarie est l'état d'une société où la force matérielle est tout, où la force immatérielle n'est rien.

La civilisation est l'état d'une société où la force matérielle n'est rien, où la force immatérielle est tout.

Par cette distinction, tirée du fond même des choses, on reconnait que la société, en France, est encore à mi-chemin entre la barbarie et la civilisation.

Guerres, conquêtes, autorité, qu'êtes-vous? Vous êtes le droit du plus fort matériellement, nationalement.

Sciences, découvertes, liberté, qu'êtes-vous? Vous êtes le droit du plus fort intellectuellement, individuellement.

Échanges, richesses, concurrence, qu'êtes-vous? Vous êtes le droit du plus fort industriellement, commercialement.

Concurrence, émulation, auxquelles toutes les industries, tous les arts, toutes les sciences sont redevables de leurs progrès, oui, vous n'êtes, à votre insu, que la transformation de la force ! Est-ce que, de fabricant à fabricant, d'artiste à artiste, de savant à savant, d'écrivain à écrivain, d'orateur à orateur, ce n'est pas à qui l'emportera par ses procédés, ses œuvres, ses découvertes, ses écrits, ses discours ? Est-ce que ce n'est pas la lutte incessante de perfectionnements contre perfectionnements, de travaux contre travaux, de renommées contre renommées, d'idées contre idées, de talents contre talents ? Voit-on, dans ces luttes intellectuelles, les deux antagonistes s'épargner moralement les coups que se donneraient physiquement deux adversaires dans des luttes corporelles ? Voit-on le plus fort, retenu par des scrupules, protéger le plus faible au lieu de l'écraser ? Non ; qu'on y regarde bien, l'ardeur et la ténacité sont les mêmes ; la différence, c'est qu'au lieu de lutter à qui sera le plus fort corporellement, numériquement, territorialement, à coups de poings, à coups de fusils, à coups de lois, on lutte à qui sera le plus fort intellectuellement, industriellement, commercialement, à coups de génie, à coups de progrès, à coups de solutions ; la différence encore, c'est que la domination matérielle profite à un seul, tandis que la domina-nation immatérielle profite à tous.

Ainsi, ce qu'on nomme vaguement le Droit, n'est, en réalité, pour qui s'en rend exactement compte, que la force et la lutte transformées, que la guerre et la conquête transportées dans une plus haute région.

C'est à cette transformation de la force que conduit tout droit la ligne de séparation naturelle-ment tracée entre ce qui constitue essentielle-ment la *puissance individuelle* et ce qui compose forcément la *puissance indivisible,* conséquem-ment *indivise.*

Ainsi s'explique l'importance que j'attache à cette séparation nécessaire, aussi facile à mar-quer qu'il est difficile de poser la limite entre le pouvoir temporel et le pouvoir spirituel, ce que l'empereur Napoléon Ier reconnaissait en ces ter-mes : « Je cherche en vain à placer les limites » entre les autorités civile et religieuse : l'exis-» tence de ces limites n'est qu'une chimère (1). »

Cette séparation admise, la force immatérielle est tout, la force matérielle n'est plus rien ; cette séparation admise, ce que M. Guizot a appelé « l'éternel problème des sociétés humaines »,

1 11 février 1801.

reçoit sa solution sans victoire ni défaite, sans révolution ni réaction, sans excès ni désastres, solution pacifique, solution rationnelle, solution définitive.

Ce problème, que M. Guizot, ministre tout-puissant, a été impuissant à résoudre, en voici les termes tels qu'il les avait posés lui-même :

« Deux choses sont aujourd'hui également faibles, également en crainte sur leur avenir, le pouvoir et la liberté. D'où provient ce mal ? N'a-t-il pour cause que *l'éternel problème des sociétés humaines*, la difficulté de *concilier* la liberté avec le pouvoir (1) ? »

Dans ces termes, en effet, le problème est insoluble. On ne concilie pas ce qui s'exclut ; on ne concilie pas ce qui est inconciliable ; on ne concilie pas le froid et le chaud, l'ombre et la clarté ; concilier ce qui est virtuellement opposé, c'est détruire ce qu'on tente de concilier.

L'erreur du passé, l'erreur de tous les temps, l'erreur de tous les gouvernements a été de chercher vainement à *concilier* ce qu'il fallait s'appliquer judicieusement à *séparer*.

Qu'est-ce que la Liberté ? — C'est le pouvoir individuel.

Qu'est-ce que l'Autorité ? — C'est le pouvoir indivis.

(1) Guizot. *Des Moyens de Gouvernement.*

Ce qui est indivis peut-il être à la fois indivis et individuel ; ce qui est individuel, peut-il être à la fois individuel et indivis ? Évidemment non. Que l'on renonce donc alors à cet accouplement contre nature, à ce supplice qui condamne deux pouvoirs : le *pouvoir indivisible et indivis*, l'État, et le *pouvoir rationnel et individuel*, l'Homme, à traîner au bout de la même chaîne le même boulet ! Qu'on les délivre donc tous les deux, qu'on leur rende donc, sans hésiter, à l'un et à l'autre, l'entière liberté de se mouvoir, chacun dans son orbite !

Telle est ma conclusion, et par elle j'arrive à rendre la pensée humaine non moins inviolable que la vie humaine.

Un homme n'a pas plus le droit d'empêcher un autre homme de penser, celui-ci fût-il intellectuellement infirme et difforme, qu'il n'a le droit d'empêcher un autre homme de vivre, celui-ci fût-il corporellement difforme et infirme.

La société n'a pas plus de droit contre le mal pensant qu'elle n'en a contre le mal portant (1).

(1) Platon était logique : il condamnait également à la mort le *contrefait* intellectuellement et le *contrefait* corporellement :
« Quant à ceux dont le corps est mal constitué, on les laissera
» mourir, et on punira de mort ceux dont l'âme est naturellement
» méchante et incorrigible. »   *L'État ou la République.*

Mais comment guérir le mal pensant?

En ne faisant pas ce que fait l'allopathie, en faisant ce que fait l'homœopathie, en procédant par les semblables et non par les contraires ; en n'opposant pas la force matérielle à la force intellectuelle, mais en opposant la force intellectuelle à la force intellectuelle.

Ou le Droit n'est rien, ou le Droit est l'inviolabilité humaine : intellectuellement et corporellement.

Lorsqu'on remonte des lois au droit, comme on remonte de l'embouchure d'un fleuve à sa source, on reconnaît que le droit ne saurait exister à demi.

Qu'est-ce que le droit assurant à l'homme la propriété de son corps et n'assurant pas la propriété de son esprit?

Est-ce que l'homme vaut par son corps plus que par son esprit? Est-ce que son esprit est moins sacré que son corps?

Le droit qui met à la valeur corporelle de l'homme un prix si haut et à sa valeur intellectuelle un prix si bas, est un droit qui ressemble beaucoup à un corps humain d'où l'esprit est absent : c'est un droit idiot.

Et c'est ce droit-là qu'on vante ! et c'est ce droit-là devant lequel on voudrait que je fléchisse le genou avec respect! que j'inclinasse le front avec superstition ! — Non.

Ce droit-là, c'est encore la barbarie.

Où la barbarie n'a pas discontinué de régner, l'homme n'a pas plus la propriété de son corps qu'il n'a la propriété de son esprit; où la civilisation règne à demi, l'homme a la propriété de son corps, mais il n'a pas la propriété de son esprit; où la civilisation règne pleinement, l'homme a l'entière propriété de son esprit, comme il a l'entière propriété de son corps : c'est cette entière propriété de soi-même qui constitue le seul Droit qu'il soit possible à ma raison de reconnaître distinctement, le DROIT INDIVIDUEL DU PLUS FORT *intellectuellement, scientifiquement, industriellement, commercialement,* succédant partout au DROIT COLLECTIF DU PLUS FORT *matériellement, numériquement, légalement, territorialement*, le seul Droit, enfin, qui ne soit pas un vain mot.

ÉMILE DE GIRARDIN.

LA LIBERTÉ DANS LE MARIAGE

PAR

L'ÉGALITÉ DES ENFANTS DEVANT LA MÈRE.

TABLE DES MATIÈRES CONTENUES DANS CE VOLUME.

LA LIBERTÉ DANS LE MARIAGE.

I. Principe. — II. Hypothèses. — III. Objections. — Décret de l'avenir.

USAGES, LOIS, OPINIONS, CONTRADICTIONS.

I. MATERNITÉ. — Noms transmis aux enfants par la mère, et droits de la ligne maternelle. — Opinions, contradictions. — II. OPPRESSION DE LA FEMME. — Protection des femmes. — Opinions, contradictions. — III. MARIAGE. — Age du mariage. — Consentement des parents. — Opinions, contradictions. — Promesses de mariage. — Fiançailles. — Contrat de mariage. — Dot. — Douaire. — Paraphernaux. — Mariage chez divers peuples. — Célébration religieuse. — Prohibition du mariage. — Mariage et célibat des prêtres. — Mariages déclarés nuls. — Opinions, contradictions. — Puissance maritale. — IV. ADULTÈRE. — Opinions, contradictions. — V. BIGAMIE. — VI. DIVORCE. — Opinions, contradictions. — VII. CÉLIBAT. — VIII. CONCUBINAGE. — IX. GROSSESSE CLANDESTINE. — X. INFANTICIDE. — Opinions, contradictions. — XI. RECHERCHES DE LA PATERNITÉ. — XII. PUISSANCE PATERNELLE. — XIII. ENFANTS. — Exposition des enfants. — Vente des enfants. — Condition des enfants chez divers peuples. XIV. ENFANTS TROUVÉS. — Statistique. — BATARDS. — Noms et surnoms. — Condition des bâtards chez divers peuples. — Statistique. — Égalité des bâtards et des enfants légitimes. — Légitimation. — Opinions, contradictions. — XVI. ADOPTION. — XVII. COMMUNAUTÉ DES FEMMES. — Opinions, contradictions. XVIII. LIBERTÉ DES FEMMES. — Opinions, contradictions. — XIX. CAPACITÉ ADMINISTRATIVE DES FEMMES. — Opinions, contradictions. — XX. TRAVAIL DES FEMMES. — Salaires. — Opinions, contradictions. — XXI. PROSTITUTION. — Opinions, contradictions. — Auteurs cités.

www.ingramcontent.com/pod-product-compliance
Lightning Source LLC
Chambersburg PA
CBHW071348150426
43191CB00007B/886